藤由達藏 著 邱心柔 譯

行動力筆記版

結果，立刻去做的人得到一切！

結局、すべてを手に入れる「すぐやる！」ノート

現在

STEP 2
未來

STEP 3
過程

STEP 4
第一步
（立刻行動！）

自序 做筆記，就能成功轉變為立刻去做的人

感謝你拿起本書。

你是否有以下經驗呢？

「該做的事總是拖拖拉拉。」

「雖然心裡很想去做，卻始終無法展開行動。」

「每次決定要持續做一件事，都無法長久。」

「非得拖到最後一刻才動手。」

會拿起本書的你，應該多少有這樣的煩惱。

這些年來，我以心理教練的做法爲基礎，從事「夢想實現聲援家®」的工作，已成功幫助過各行各業人士改變自身行爲，包括公司經營者、作家、歌手、音樂人、商務人士、自由工作者等。

我根據經驗撰寫了暢銷書《結果，立刻去做的人得到一切》，算上文庫版，在日本總銷量已超過四十五萬冊，收到許多讀者迴響：「我成功改變自己了。」「現在我有辦法立刻行動了。」

不過，也有讀者表示：「不知道爲什麼，我還是無法採取行動。」

這本書就是爲了「遲遲無法採取行動的人」所寫。

只要實際寫出來，就會大幅扭轉你的行為

人類有多種行爲定律，本書主要談的是以下兩種：

- 行為的慣性定律，也就是人的行爲會依循一定的慣性。
- 行動的陷阱，也就是過程中總會存在某些阻礙行動的因素。

第一種行爲定律是指，剛開始做一件小事時，需要花力氣去做，但只要一開始行動後，就能輕鬆持續下去。

第二種行爲定律則是，當人們想要採取行動時，總會有阻礙行動的因素讓我們無法跨出去。我把這些阻礙因素稱爲「行動陷阱」。

就算頭腦明白得立刻行動、要變成能立刻去做的人，卻仍辦不到，原因就在於有著阻礙行動的因素。所以我們必須摒除這些絆腳石。若想化身為立刻去做的人，就要善用「行為的慣性定律」，除去「行動的陷阱」，也就是阻礙行動的要素。

爲此，最簡單的方法就是「做筆記」。

爲什麼做筆記，就能成功轉變爲立刻行動的人？

研究指出，我們一天會思考約六萬次。大多時候，腦中的思慮與內心的情緒並不協調，飄忽不定，以至於煩惱、擔心、想做的事情與非做不可的事情，全部糾結纏繞在一起。

「我心裡明白應該要立刻去做，但就是無法採取行動。」之所以會出現這種情形，正是因爲自己的思緒、情緒、環境（狀況）與感覺沒有整理好，導致不明就裡。

簡單來說，無法採取行動的人處於以下狀態：

「不知道自己真正想做什麼。」
「往往會遇到各種狀況，導致自己沒能行動。」
「雖然很想去做，但是不知道爲什麼就是無法採取行動。」
「想要採取行動，可是不知道從哪做起、按照怎樣的步驟來做。」

人們一旦有不明白的地方，就很難採取行動。

解決辦法很簡單，只要透過筆記的方式，釐清現在的內心狀態，以及你真正渴望擁有的內心狀態、要按照怎樣的步驟執行、第一步要從哪裡開始做起、自己現在處於怎樣的情況、擁有哪些資源等，就能除去所有阻礙行動的因素，調整成可以自由行動的狀態。

只要了解自己，你就能改變

擔任過這麼多人的心理教練，我了解到一件事。那就是——

只要釐清哪些事情不清楚，就能弄清狀況。

只要弄清楚，你就能改變。

成功者經常這麼說：

「不要想，做就對了。」

「不懂也沒關係，先做再說。」

不過，對於現實中的問題，可不能這樣做。一旦有不明白的地方，即使知道「做就對了」，人們還是無法採取行動。

想要採取行動，就必須梳理問題、情緒與想法，讓自己眞正弄清楚。

「原來我其實想這麼做！」

「原來是因爲有這個問題，所以我才無法行動的！」

「原來我一直沒有幹勁，背後有這樣的原因！」

只要像這樣釐清，就能弄清狀況。一旦弄清楚，行爲與人生都會出現轉變。

重點在於，就算你拚命絞盡腦汁，你也無法親眼見到自己的思考過程。這時只要實際做筆記，就能清楚看見你的思緒、情緒、環境、狀況與感覺。

這本書若能成爲你改變行爲與人生的助力，將帶給我至高無上的喜悅。

目錄

第二章
提高行動力！燃起幹勁

第四章
讓無法付諸行動的自己徹底改變

第五章 改變未來的自我實現筆記術

本書使用方式

如果你想變成立刻去做的人，請按順序從第一章看到第五章，並實際搭配筆記術。如果你沒有時間，或是只想挑選自己需要的部分，請參考下表：

怕麻煩，總是一下子就失去幹勁

找不到自己喜歡的事、沒有想做的事情

負面思考且缺乏自信，覺得事情不會那麼順利

想要擁有清晰思路與穩定情緒

1

第一章

立刻去做的人
行動力完全解密

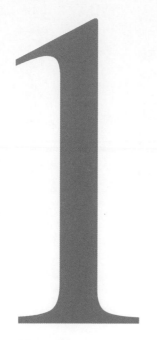

為什麼我無法立刻行動？

明明知道必須做，卻遲遲無法行動的六個原因

「結果，重點就在能不能付諸行動……」

這樣的話語彷彿理所當然般地出現在我們耳邊。

如今每個人都能透過上網搜尋來獲得所有資訊，因此光是「知道」沒有任何價值。就算接受頂尖的課程培訓、向名人學習知識技術，追根究柢，如果我們不實際去做，一切都沒有意義。

唯有行動，才能改變現狀。如果你想改變人生，就必須自己採取行動。

儘管心裡明白「做就對了」，但眞要付諸行動時，你腦中是否會浮現以下想法？

「不知道該怎麼做。」
「毫無頭緒，完全不知道該從哪一步做起。」
「不管怎麼說，我就是覺得自己做不到。」
「感覺不可能成功。」

你可能老是想個半天，卻仍在原地打轉，或是拖拖拉拉，又或許雖然很想馬上去做，卻總是無法採取實際行動。

如果出現這樣的情況，表示你落入了「行動的陷阱」。心裡很想採取行動，卻無法實際動手，這背後通常有六種可能的原因。許多人都陷入了其中一種、甚至所有的陷阱。

讓我們一一來看行動的陷阱。

•行動陷阱1：輕忽情緒的重要性

有人主張「行動力取決於原動力」（motivation）。他們說：「我知道非做不可，不過動力就是不足。」這句話講對了一半，但有一半是錯的。

因爲，就算動力滿滿，只要覺得麻煩或提不起幹勁，往往無法採取行動。事實上，許多人雖然眞心想實現夢想，但一想到通往夢想的必經步驟，就覺得「好麻煩」「沒辦法馬上行動」。

明明有動力，卻無法付諸實行。

這是爲什麼？

原因是：情緒低落。

人們往往低估了情緒的影響力，其實情緒擁有無法忽視的強大力量，即使動力不足，只要情緒高昂，也有辦法展開行動。

反過來說，正因爲在情緒低落的狀態下訂定計畫，所以才無法採取實際行動。

・行動陷阱2：無法想像美好的未來

假如對未來不抱希望，感覺自己做什麼都沒有用，自然也就不想採取行動。反之，要是眼前有個讓人心蕩神馳的美好願景，就能朝向未來採取行動。

簡單來說，關鍵在於能否描繪一個美好的未來。

對於未來的想像可以稍具可行性，也可以完美無缺，全都由你自由決定。如果這個未來閃耀光彩，光是想像就讓人興奮得坐立難安，你自然會想採取行動。

換言之，要是無法描繪出這樣的未來願景，也就提不起勁去行動了。

‧行動陷阱3：把課題想得太困難，過度看輕自己的能力

當人們面對的課題難度過高，便沒辦法採取行動。

面對的課題如果遠超出自身力量所及，就算有心想解決，也無法實際動手。

另外，有時也會因為單方面的臆測，導致這兩者之間的平衡瓦解。

一旦將課題想得太過困難，又把自己的能力想得太微薄，就沒辦法展開行動。

如果心裡感覺「也許辦得到」便能採取行動，但如果認為自己「辦不

到」，自然就沒可能了。

・行動陷阱4：感覺事情不會順利

即使夢想與未來願景十分明確，倘若和當下眼前的狀況相差太遠，感覺會像天方夜譚似的，便無法採取行動。

「不可能，不可能！我才做不到……」

就像做了一場短暫的美夢後，轉瞬間墜入絕望的深淵。

之所以覺得事情不會順利，是因爲看不清該在何時、何處、使用何種方法，才能成功到達這個美好的未來。

換句話說，陷入這類陷阱的人，對於達成目標的方法與步驟毫無頭緒，在這樣的狀態下就不禁覺得「事情不會那麼順利」。這樣一來，自然無法採取行動。

・行動陷阱5：不知道該做什麼

「該做的事情實在太多了。」

「得做這個，還得做那個。」

再有幹勁的人，一旦出現這樣的感覺，說什麼也無法採取行動了。

無法確立優先順序，不知道下一步該做些什麼，當然無從下手。

如果不知道具體該做些什麼，也就無法立刻行動。

・行動陷阱6：花費心力在徒勞無功的事情

第六個陷阱是，付出的心力收不到成效，徒勞無功。

「明明做了很多努力，卻得不到成果。」

「一直忙個不停，重要的部分卻完全沒進展。」

明明已經採取行動，卻收不到成效，問題出在並未採取對的行動。耗費時間在無謂的事物上，眞正該做的事情卻一拖再拖。

造成這種狀況的原因之一，是視野太狹窄。

如果每天都忙得不可開交，視野就會變窄，只在眼前的小範圍打轉。

這種行動陷阱最可怕的一點正是：以爲自己持續行動，眞正重要的事情卻完全沒做。

看了以上幾個陷阱，各位覺得如何？

我想有些人已經有所自覺了。如果想要採取行動，就必須逃脫這些行動陷阱。

爲此，到底應該採取怎樣的做法呢？

方法就是「做筆記」。

只要準備筆記本和一枝筆，就不會落入以上的陷阱，化身爲立刻去做的人。

立刻去做！筆記術，可以解決所有問題

為什麼做筆記就能提高行動力？

本書要介紹的筆記術，基本概念源自我的夢想實現聲援對話技巧（Mental Coaching），並以做筆記的方式，進行自我教練（Self-coaching）來提高行動力。

做筆記是種既簡單又好上手的工具，尤其適合用於自我教練。原因說明如下：

在替客戶進行教練指導的過程中，是由善於傾聽的專業人士「心理教練」聆聽客戶說話。

心理教練會全盤接納客戶的情緒與思想。

一般來說，我們平時的對話方式，是聽到對方說的話之後，便接著說

出自己想說的話，如此反覆循環。也因此每次找別人商量煩惱的事，常得到無法完全讓人心服口服的粗淺建議。反過來說，有人找我們吐露心事，往往也只會根據自身經驗給予建言。

心理教練與客戶間的對話方式則不同，教練會以全盤接納客戶的想法與情緒爲前提，徹底傾聽客戶所說的一切，並加以肯定。當然，這並不代表心理教練就百分之百同意對方說的內容與意見。暫且不論同意與否，心理教練所做的，只是全盤接納與肯定客戶表達的所有想法與感受。

而做筆記也能發揮相同的效果。

書寫就是全盤肯定

進行自我教練的時候，並沒有心理教練在身旁，因此就由筆記扮演心理教練的角色。

書寫自己的思緒與情緒，等同於如實接納自己的想法與情緒。

為什麼做筆記可以提高行動力？

筆記能充當心理教練的角色

因為筆記能擔任心理教練的角色，
協助我們整理問題與情緒，
讓行動的步驟變得清晰可見。

我們內心充斥著龐雜的想法與情緒，且正面與負面同時存在，甚至還有些矛盾。「好想去做」「也許辦得到」「我做不到」「不可能成功的」……有的時候，這些想法彼此對立與衝突。在這種情況下，人們便無法展開行動。

面對這樣的情況，心理教練也會充分接受客戶各種糾結的心情，從客觀的角度讓人有所覺察。只要能將自己的心情或想法實際說出來並予以接納，自然會整理思緒，明白該怎麼做才好、自己真正想要怎麼做，如此一來，便更容易付諸行動。

將上述事物寫在筆記本上，也會得到同樣的效果。

無論你寫上什麼，筆記本都會全然接受，不會反駁你。

這將帶來宛如接受頂尖的心理教練傾聽般的效果。

只要每天持續書寫，就能得到效果

其實，光是將自己的心情與想法寫進筆記本，每天持續地做，便會得到以下的效果：

- 能將自己的想法與感覺化爲言語。
- 能綜觀自己與自己所處的現狀，並客觀看待。
- 更容易捕捉直覺、靈感與創意。
- 提升自我肯定。
- 更懂得和自己對話。
- 書寫文章不再是件苦差事。

不需要任何艱深的技術，光是寫到筆記本上，就會發揮整頓內心的效果。

那麼，在實際進行「立刻去做！筆記術」之前，讓我們先做一項練習。

請你先寫出現在心中的情緒，以及腦海裡浮現的事物。例如：擔憂的事、發牢騷、想說卻說不出口的話語。什麼都可以。

盡可能寫出心裡的一切。不一定要寫在這本書的空白處，也可以寫進筆記本或記事本。

感覺如何？想必除了內心爽快多了之外，更能客觀看待自己的內心。「原來我剛剛在想這件事啊」「我心裡竟然充斥著這樣的想法」。

透過覺察，行動會產生變化。領悟到「該做哪些事情」「哪些事情應該就此停止」「哪些事情再怎麼想也無濟於事」，自然而然便能改變一個人的行動。

接下來要介紹的「立刻去做！筆記術」，具有更高的實用性。

這項寫出簡單情緒與想法的練習，本身就具備很好的效果，當你感到煩惱、迷惘或無法展開行動時，記得做做看。

對自己高效提問，並寫進筆記本

實際替客戶進行教練指導時，專業的心理教練除了聆聽對方說話，還會發起明確的提問。正因爲這樣，客戶才會有所覺察，意識出現轉變，行為模式也會跟著改變。

自我教練時，如果本身不具備提問技巧，就無法向自己提出有效的問題。這樣又該怎麼辦？

這時就輪到本書登場了。

只要一邊閱讀本書所介紹的提問與步驟，將心中的答案寫進筆記本，就能與自己進行對話。

本書所介紹的筆記術任何人皆可輕鬆運用，你需要的只有準備好筆記本、筆與便條紙。與陷入泥淖的現實生活畫清界線，開始實際著手統整並解決問題。

當然，你也不需使用特別的筆記本版本。

你要做的，只有畫出框線，看著本書，寫上回答而已。你可以挑選任何格式、自己喜歡的尺寸。

我建議你挑選覺得最好書寫的筆記本，最好是拿在手上就感到雀躍興奮、符合你個人喜好；不過，你也可以使用隨處可見的普通筆記本，或本書附贈的筆記本。

這本筆記本將成爲專屬於你的「立刻去做！筆記本」。請你一邊書寫，同時享受其中。

便利貼也是一項便利的工具。

接下來要介紹的筆記術會多次使用到便利貼。

便利貼的顏色與尺寸五花八門。本書示範的款式是高黏度的索引便利貼（50mmX15mm），但你也可以自由選擇喜歡的款式。

本書是針對想採取行動卻遲遲無法付諸實行的人，介紹一套有效的提高行動力技術。

願這一本筆記改變你的人生。

立刻去做！筆記術
基礎4步驟

步驟1：寫出現狀（可視化、視覺化）

寫出當下的感受、當下的狀況與周遭環境等。

→ 藉由掌握現狀，整理想法與情緒

↓

步驟2：描繪未來（理想立體化）

描繪令你感到雀躍的理想未來，寫出來。

→ 開啟潛意識的開關

↓

步驟3：拉近①與②之間的差距（思考）

寫出所有能達成②的方法。

→ 開始尋找最短路徑，以便交由潛意識來實現夢想

↓

步驟4：決定你要踏出的第一步（行動）

首先，針對「該做的事情」拆解成100%辦得到的細項，寫出來，並付諸行動。

→ 看清楚該往哪裡踏出第一步

「立刻去做！筆記術」基本概念

四框格「立刻去做！筆記術」

首先介紹基本技巧。

將筆記本的頁面攤開，在左右兩頁的正中央各畫一條直線，於是就有了四個框格。爲了方便稱呼，將左頁的左側稱爲框格①，右側是框格②；右頁的左側爲框格③，右側則是框格④。

在頁面上方寫上你的主題。

主題的下面一行，分別於框格①到④寫上標題。標題則根據你要處理的課題而定。比如說，如果現在要處理的問題是「想要描繪理想的未來願景」，就分別寫上——

框格①現在
框格②未來
框格③過程
框格④第一步

用橫式書寫在各個框格裡。如果有索引尺寸的便利貼，就能寫在便利貼並貼上。便利貼可以反覆黏貼，不需每次重新書寫，十分方便。

先在左頁最上方寫上要處理的課題，再由左至右依序填寫每個框格。確認「現在」的情況，探詢「未來」的理想願景，逐步看清所需「過程」，最後決定踏出的「第一步」。按照順序思考這些問題。

4框格「立刻去做！筆記術」

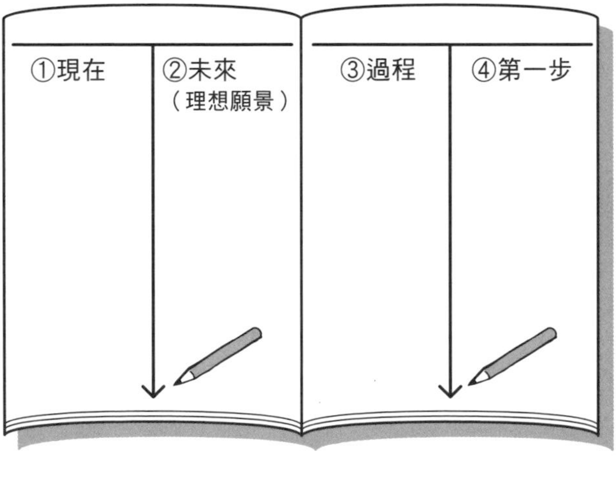

四框格視覺化

【四框格「立刻去做！筆記術」】

①【現在】

②【未來】

③【過程】

④【第一步】

「立刻去做！筆記術」運用四個框格，在框格①【現在】寫出目前的狀態，②【未來】寫出未來的理想狀態。接著在框格③【過程】寫出從現在邁向理想未來的過程，最後再於框格④【第一步】寫上一開始要採取什麼行動。

這套步驟就和心理教練分階段逐步提問的做法一樣。

客戶接受有次序的提問後逐步回答，在這個過程中問題就逐漸解開，調整成能順利採取行動的狀態。

讓我們來看看具體範例。

【課題】主管突然要我提出企劃案，可是我實在提不起勁。

以這樣的課題爲例，可以是不經意浮現腦海的問題，也可以使用暫定的標題，甚至可以先空著，之後再補上。

針對這項課題，在①【現在】框格寫下現況。

包括自己的感受、心裡的想法、身邊人的情況、自己身處的環境等。

把想得到的一切全部寫下來。

①寫出【現在】

- 覺得好累。
- 根本沒時間思考方案。
- 主管應該要早點說才對吧。
- 不想熬夜。

這裡要盡可能寫出你是如何看待自己的現況，所以寫出負面情緒也是可以的。一口氣全部寫出來吧。

②描繪【未來】

明白了「現在」的狀況，接著要在②【未來】這欄寫下希望這件事有怎樣的發展。

- 靈機一動想到好點子。
- 找到正合所需的資料。
- 專心完成企劃案。

這裡要拋開一切限制，專注於「未來的理想狀態」。確認對此刻的你來說，最好的未來理想狀態是什麼樣子。

如果一百分是滿分，你寫出的未來狀態能得到幾分？

假設是七十分的話，就要再加上三十分，直到一百分爲止。發生什麼情況，才能多加三十分到一百分？請你想像一下，添加什麼要素會變成一百分。

- 企劃獲得採用，締造出色的成績。
- 成爲公司的年度MVP，獲得表揚。
- 獲得晉升與加薪。
- 有更多的假，可以去國外旅遊。

寫到這裡就會發現，已經不只是「必須在明天以前交出企劃案」的問題了。請你在②【未來】這一欄，寫出光用想的就讓你興奮不已的未來願景。

③看透【過程】

對照一下①【現在】與②【未來】，便會發現中間存在落差。接下來要尋找必要步驟來填補落差。這就是③【過程】要做的事。③【過程】指的就是從①【現在】邁向②【未來】的過程。

這時勢必得探討要怎麼做才能達到②【未來】。寫出所需的一切步驟，再按照先後順序重新排列，③【過程】就會變得很清楚。

- 提出點子很棒的企劃案。
- 在會議上一次通過這項企劃。
- 擔任新企劃的專案領導人。
- 在新專案做出成績。
- 獲邀參與其他專案的策劃。
- 帶領多項專案取得成功。
- 獲得公司的年度ＭＶＰ。
- 晉升爲部門主管，擁有自己的部屬。

同時從②【未來】回溯到①【現在】，以及從①【現在】放眼②【未來】，分別想像這兩者所需採取的行動。

目標是找到一條最佳的路徑。

④找出【第一步】

只要探詢出③【過程】，就能釐清最初要從哪一步做起。

至於③【過程】要從哪一步開始？這就要由④【第一步】來決定。寫出所有該做的步驟。

- 重新確認主管想要怎樣的企劃案。
- 確認客戶想要什麼。
- 參考之前的案例。
- 上網找點子。
- 向公司前輩徵詢建議。
- 找同事討論。
- 運用心智圖，將想法彙整起來。

以上幾項當中，要從哪一步開始？

假設這時選擇的是——

- 重新確認主管想要怎樣的企劃案。

於是，再進一步拆解細分，詳細寫出每一步，直到每一步都變成小小的一步爲止。

- 把主管當時講的話寫下來，進行統整。
- 準備書寫的紙張。
- 坐到辦公桌前。
- 挪出時間來構思點子。
- 確認今天有哪些時間可以用來構思點子。
- 打開行程規劃表。

「立刻去做！筆記術」具體示範

＜事前準備＞

1：將筆記本區分出4個框格。

2：在各個框格上方，由左至右寫下「①現在」「②未來」「③過程」「④第一步」。

【課題】：主管突然間要我提出企劃案，可是我實在提不起勁

①【現在】 →	②【未來】 →	③【過程】 →	④【第一步】
・覺得好累 ・根本沒時間思考方案 ・主管應該要早點說才對吧 ・不想熬夜	・靈機一動想到好點子 ・找到正合所需的資料 ・專心完成企劃案 ・企劃獲得採用，締造出色的成績 ・成為公司的年度MVP，獲得表揚 ・獲得晉升與加薪 ・有更多的假，可以去國外旅遊	・提出點子很棒的企劃案 ・在會議上一次通過這項企劃 ・擔任新企劃的專案領導人 ・在新專案做出成績 ・獲邀參與其他專案的策劃 ・帶領多項專案取得成功 ・獲得公司的年度MVP ・晉升為部門主管，擁有自己的部屬	・重新確認主管想要怎樣的企劃案 ・確認客戶想要什麼 ・參考之前的案例 ・上網找點子 ・向公司前輩徵詢建議 ・找同事討論 ・運用心智圖，將想法彙整起來

決定用其中一項 ↙

・重新確認主管想要怎樣的企劃案

↓ 進一步拆解步驟

・把主管當時講的話寫下來，進行統整

・準備書寫的紙張

・坐到辦公桌前

・挪出時間來構思點子

・確認今天有哪些時間可以用來構思點子

・打開行程規劃表

當你細分到這個程度時，或許就會發現，現在要做的就是先「打開行程規劃表」。

這麼一來，就能以「打開行程規劃表」作爲踏出的第一步，立刻著手行動了。

讓一小步變得具體，更有助於行動

透過以上方式，一口氣明白了從①【現在】到②【未來】的數年間大致上的演變過程，以及要如何著手明天必須交出的企劃案。

根據這個基礎，推導出首先該做的一小步。

只要能拆解成如此微小的步驟，推導出那小小的一步，就能立刻採取行動。

當初的問題是，因爲主管突然間對你說「明天早上做好企劃案給我」，所以你變得心煩意亂。但在透過做筆記，確認這項工作對你個人有怎樣的意義之後，就搖身一變，成爲了「與你切身相關的事」。

於是，就變成讓你感到興奮雀躍的工作內容了。

接下來，再確認具體要做些什麼，得出第一步該做的事情即可。因爲只是小小的一步，既具體且馬上就做得到，所以勢必能立刻展開行動。

關鍵在於將該做的事化為與你切身相關的事。

還有讓踏出的第一小步具體化。

以上只是一個範例。這套做法可以應用於任何情況，請務必牢記。

下一章開始，我將以筆記本的基本用法爲主，一一介紹如何從行動的陷阱中抽身的方法。

成為立刻去做的人
行動力確認

Q1 現在哪件「無法付諸行動」的事情，讓你最困擾？

Q2 為什麼無法付諸行動？請寫下你認為的原因。

Q3 要是解決了這個問題，你會有怎樣的想法和情緒，露出怎樣的表情？

2

第二章

提高行動力！燃起幹勁

懂得掌控情緒，就能做出成果

本章要說明如何跳脫第一個行動陷阱「輕忽情緒的重要性」。

在情緒低落的狀態下採取行動，就像在感冒時參加考試一樣。沒有高昂的情緒，自然就無法展開行動。此外，有些人也認為很難轉換心情，無法自行掌控。

實則不然。因爲心情總是可以在十秒內轉好。話雖如此，或許你會說：「可是我辦不到。」所以，這裡就要運用筆記的力量。等到你熟練這套方法之後，就能設置好切換心情的開關，即使不寫筆記，也能自由切換成「想要立刻去做」的心情。

透過五感改變心情的筆記術

首先，請你先想想看可以用哪些簡單的方法轉換心情。

光是刺激到五種感官，人們的心情就會好轉。

請在「立刻去做！筆記術」的四個框格，依序書寫以下標題。

①【感官】

②【能讓我心情變好的東西】

③【相關的回憶】

④【開關】

首先，在①【感官】框格當中，寫上「視覺、聽覺、嗅覺、味覺、觸覺」。

詢問自己以下問題，分別回想在這五種感官知覺中，會讓你心情變好的事物。

• 我看到什麼，心情會變好？（視覺）
• 我聽到什麼，心情會變好？（聽覺）
• 我聞到什麼，心情會變好？（嗅覺）
• 我吃到什麼，心情會變好？（味覺）
• 我摸到什麼，心情會變好？（觸覺）

假設你在②【能讓我心情好的東西】框格裡書寫以下答案。

• 視覺：夏威夷風景照、金字塔的照片、莫內的油畫。
• 聽覺：喜歡的樂團歌曲、鈴鐺聲、海浪聲。
• 嗅覺：檸檬、薰衣草、肉桂。
• 味覺：薄荷、巧克力、草莓果醬。
• 觸覺：貓的背、球拍握把、冰涼的水。

在③【相關的回憶】框格裡，分別針對②的細項，寫出有關的回憶或經驗。

- 和家人在夏威夷威基基海灘共度的回憶。
- 曾在圖鑑上看到金字塔照片。
- 第一次去現場聽樂團的演唱會。
- 在紅茶裡擠入檸檬汁。
- 男（女）朋友送的巧克力味道。
- 想起撫摸以前很喜愛的那隻貓咪的情景。

當你列出了曾經讓你成功轉變心情的事物後，接下來就把這些轉化成以後能隨時取用的形態。

我們要做的是，把②【能讓我心情變好的東西】設置爲心情開關。有些事物可以直接接觸到，而有些事物光是想到就能回憶起那份感覺，瞬間改變心情。

在④【開關】框格寫下能當作心情開關的物品。

- 夏威夷的全家福照片。
- 設爲電腦桌布的金字塔照片。
- 檸檬糖。
- 男（女）朋友送的某款巧克力。
- 貓咪的照片。

你會發現，這些物品都能當作心情開關，幫助你回想起當時美好的感官體驗。

將這些物品一一列出，每當心情亂糟糟的時候，試試按下這些開關來重整心情。

透過五感改變心情的筆記術

＜事前準備＞

1：將筆記本區分出4個框格。

2：在各個框格上方，由左至右寫下「①感官」「②能讓我心情變好的東西」「③相關的回憶」「④開關」。

①感官	②能讓我心情變好的東西	③相關的回憶	④開關
·視覺	·夏威夷風景照 ·金字塔的照片 ·莫內的油畫	·和家人在夏威夷威基基海灘共度的回憶 ·曾在圖鑑上看到金字塔照片	·夏威夷的全家福照片 ·設為電腦桌布的金字塔照片
·聽覺	·喜歡的樂團歌曲 ·鈴鐺聲 ·海浪聲	·第一次去現場聽樂團的演唱會	
·嗅覺	·檸檬 ·薰衣草 ·肉桂	·在紅茶裡擠入檸檬汁	·檸檬糖
·味覺	·薄荷 ·巧克力 ·草莓果醬	·男（女）朋友送的巧克力味道	·男（女）朋友送的某款巧克力
·觸覺	·貓的背 ·球拍握把 ·冰涼的水	·想起撫摸以前很喜愛的那隻貓咪的情景	·貓咪的照片

＜筆記的實踐步驟＞

①：寫出5種感官。

②：根據各種感官，寫下能讓你心情變好的事物。

③：針對②所寫的答案，寫出有關的回憶或經驗。

④：寫出與此相應的開關，只要一想到這些東西就能改變你的心情。一一列出來。

轉換心情清單

一想到哪些事物，就能提振你的情緒？一一列出來。

-
-
-
-
-
-
-
-
-
-

改變周遭環境，行動力也會跟著改變

為什麼一流企業都重視辦公室環境？

我們隨時都能轉換心情。

讓心情轉好的最簡單方法，就是改變周遭環境。

人很容易受到環境的影響。舉個例子，即使能力再強的人，身處在充滿噪音或雜亂不堪的環境，工作表現也會下滑。

不光是谷歌與蘋果，一流企業都很講究辦公室的環境與空間，正是因爲深知環境會大幅影響員工的工作表現。

環境同樣也是決定行動力的重要因素。周遭環境會大幅影響一個人的心情。

僅僅只是把個人用品換新，例如換個新包包或手帳，心情就會煥然一新。想必你也曾經因爲換個新物品，便頓時湧出幹勁吧？

還有，改變房間的擺設也能轉換心情，你應該也有過這樣的經驗。

有些人在咖啡廳工作的效率，會比在辦公室好上許多。

只要改變周遭環境，就能改變我們的心情。只要心情變了，就能立刻採取行動。我們受到心情操控的程度，超乎想像。

除此之外，環境也會影響人際關係與社交互動。

「每次去健身房看到其他人那麼努力的樣子，就心生一股幹勁。」

「只要和朋友一起去KTV，就會提振起來。」

「一到派對那種奢華的地方，情緒就會變高昂。」

「每次到廟宇或佛寺，心就會跟著沉澱、平靜下來。」

「去摩天大樓的瞭望臺時，內心都會變得很開闊。」

「每次去海邊散步，就會湧現一股能量。」

人們的情緒總是受到夥伴、團體、地點與時間等環境所影響。

能夠立刻採取行動的祕訣就是，擁有「自在舒暢的心情」。

因此，我們應該清楚哪些地點與環境能提升幹勁。

假如你經常將該做的事情一拖再拖，苦思卻仍得不到靈感，問題很有可能不在你的能力或個性，而是受到環境的干擾。

如果你有某些整頓身心的地方，也就是每次去到這些地方心情會變好，就要把這裡當作「幹勁補充站」，定期前往。

改變環境來提高行動力的筆記術

現在讓我們用筆記本，從「環境」著手，徹底剖析有哪些地點能改變你的心情。在框格①到④依序寫下——

①【原本的心情】

②【想要轉變成怎樣的心情】

③【工具或方法】

④【第一步】

在①【原本的心情】那一欄，寫出你經常陷入哪些心理狀態。

• 犯錯被主管責罵，情緒變得很低落。
• 把重要的事情給忘了，很想找個地洞鑽進去。
• 給別人添了很大的麻煩，心裡充滿愧疚感。
• 被交派自己不擅長的工作，頓時喪失幹勁。
• 幾乎要陷入恐慌狀態。

像這樣，寫出你至今產生負面情緒時，當下處於怎樣的狀態。

接著，針對①【原本的心情】寫出的情境，分別考慮該轉換成怎樣的狀態比較理想，並寫進②【想要轉變成怎樣的心情】。

• 神清氣爽的心境。
• 充滿朝氣、內心充實的感覺。
• 暢快大笑、痛快無比的心情。
• 願意再挑戰一次的積極心態。
• 越挫越勇，力量不斷湧現的感覺。

在③【工具或方法】寫出哪些環境改變後，會改變你的心情。回想一下，你過去曾嘗試過哪些事物，發現確實有效。這麼一來，應該就會想到許多方法。

- 整理辦公桌。
- 打掃房間。
- 去咖啡廳。
- 走出室外散散步。
- 整理文件。

完成這一步之後，馬上實際去做，感受一下心情的轉變。

欄位④要寫一個很簡單的方法，這個方法每個人都辦得到，此時此刻馬上就能去做。從前面的答案當中，選一個寫進④【第一步】。接著，馬上去做。

現在，你已經將想得到的方法列成一份清單，隨時都能輕易翻閱。每當你想轉換心情時，記得看看這份清單，立刻試試看。

改變身體狀態，心情也會改變

雖說只要改變環境或物品，便能快速轉換心情，但實際要處理課題的時候，難免還是會提不起勁。

遇到這種情形時，請你運用以下介紹的方法來改變身體狀態，心情也會改變。

實際做法是，從細部開始改變整體身體狀態。特別是改變「表情」「動作」「言語」，這三者是平時表達情感的重要元素。

先確定你想要怎樣的心情，接著再改變情感展現的三大要素（「表情」「動作」「言語」）。這樣一來，心情就會在三者的漸進影響下出現轉變。

當你確定想要得到的內心狀態後，想想看在這個情緒狀態下，「表

改變環境來提高行動力的筆記術

＜事前準備＞

1：將筆記本區分出4個框格。

2：在各個框格上方，由左至右寫下「①原本的心情」「②想要轉變成怎樣的心情」「③工具或方法」「④第一步」。

①原本的心情	**②想要轉變成怎樣的心情**	**③工具或方法**	**④第一步**
‧犯錯被主管責罵，情緒變得很低落 ‧把重要的事情給忘了，很想找個地洞鑽進去 ‧給別人添了很大的麻煩，心裡充滿愧疚感 ‧被交派自己不擅長的工作，頓時喪失幹勁 ‧幾乎要陷入恐慌狀態	‧神清氣爽的心境 ‧充滿朝氣、內心充實的感覺 ‧暢快大笑、痛快無比的心情 ‧願意再挑戰一次的積極心態 ‧越挫越勇，力量不斷湧現的感覺	‧整理辦公桌 ‧打掃房間 ‧去咖啡廳 ‧走出室外散散步 ‧整理文件	‧去一家時髦的咖啡廳

＜筆記的實踐步驟＞

①：寫出你容易陷入怎樣的心理狀態，以及當你發生討厭的事情時，會有怎樣的心情。

②：針對①所寫的心情，分別寫下怎樣的心理狀態比較理想。

③：寫出有哪些改變環境的方法，可以改變心情。

④：從③當中挑出簡單易行、現在馬上就能做到的方法，寫下來。

⬇

⑤：立刻去做！

情」「動作」「言語」各有怎樣的相應表現。例如想要振奮精神：

- 表情：笑容滿面。
- 動作：一鼓作氣站起身，右手握拳，高舉過頭，左手握拳在左邊胸前的高度。
- 言語：高喊：「輕而易舉！」

接著，實際試試看。如果確實有改變心情的效果，就將「表情」「動作」「言語」組合在一起。

每當你意志消沉、情緒低落或是想打起精神的時候，一定要試試這個方法。

用記憶改變心情的方法

你還可以運用記憶與想像力來轉換心情。

這個方法叫「用記憶改變心情」。

我們至今的人生經歷過形形色色的事情。只要細細回想起當時的經歷，就會浮現當下的情感、想法與心情。

我們不光活在現在，同時也活在未來與過去。一想到尚未降臨的未來，和早已成爲過往雲煙的過去，有時會感到苦悶、煩惱、不安。

這個方法就是反過來利用人的這項思維特點。

一旦學會反覆體會愉快的心情，就能隨時汲取這股愉悅感。

伴隨記憶浮現的心情，同時也是此時此刻的眞實心情。無論是因爲現在眼前發生的事而湧現的心情，還是過去記憶所勾起的心情，無疑都是此時此刻的心情。

我們可以靠記憶來塑造心情。

光靠回憶就能改變心情的筆記術

以下介紹用記憶改變心情的方法。

首先，還是一樣按照「立刻去做！筆記術」的基礎，將筆記本翻開來，在左右兩頁的正中央各畫一條直線，做出四個框格。

接下來，我們要將目前當下的心情轉換成理想的心情。四個框格分別寫上——

①【原本的心情】
②【想要轉變成怎樣的心情】
③【回憶】
④【第一步】

先寫出①【原本的心情】和②【想要轉變成怎樣的心情】。

①【原本的心情】：工作出錯導致失去自信，對工作提不起勁。

②【想要轉變成怎樣的心情】：全心全意投入工作，躍躍欲試。

在這種情況下，我們就要回想起自己「全心全意投入工作，躍躍欲試」的回憶，寫進③【回憶】的框格裡。例如：

• 剛進公司，第一次接到客戶大訂單的時候。
• 認眞讀書考證照，心裡滿滿充實感的時候。
• 企劃客戶專屬的活動時。

挑選能重新燃起當時那股興奮之情與活力感的事件。也可以書寫出社會前的記憶：

• 投入校慶準備的時候。
• 全心全意製作專題的時候。
• 爲了運動會的比賽進行特訓的時候。

過去的成功經歷能賦予現在勇氣。用記憶改變心情這個方法恰好能有效運用這項特性。

所謂的美好回憶，光是想到就會讓心情煥然一新。

出社會後，每天被工作追得喘不過氣來，也許很少有機會回想起過去的美好記憶。不過，偶爾還是應該花點時間，細想一下過去的美好記憶。

在③【回憶】的答案當中，如果有你想再次體會的回憶，請你回想一下當時的情景，想像自己身歷其境。充分浸淫在這份回憶，接著替這份回憶取一個標題。

「會員感謝日那天，入場人數增至平時的兩倍。」

把這個回憶寫在④【第一步】的框格裡。

寫出標題後，以後你光是看到標題便能想起當時的情景，也就能即刻轉換心情了。

光靠回憶就能改變心情的筆記術

＜事前準備＞

1：將筆記本區分出4個框格。

2：在各個框格上方，由左至右寫下「①原本的心情」「②想要轉變成怎樣的心情」「③回憶」「④第一步」。

① 原本的心情	② 想要轉變成怎樣的心情	③ 回憶	④ 第一步
・工作出錯導致失去自信，對工作提不起勁	・全心全意投入工作，躍躍欲試	・剛進公司，第一次接到客戶大訂單的時候 ・認真讀書考證照，心裡滿滿充實感的時候 ・企劃客戶專屬的活動時 ・投入校慶準備的時候 ・全心全意製作專題的時候 ・為了運動會的比賽進行特訓的時候	・「會員感謝日那天，入場人數增至平時的兩倍。」

＜筆記的實踐步驟＞

① 寫下現在的心情與狀態。

② 寫出你「想要轉變成怎樣的心情」。

③ 回想過去哪些時候曾有過②的心情，寫出當時的具體情境。

④ 從③的回答中，挑選出你覺得最有感覺的那個，圈起來，為這個事件取一個標題，寫進④框格裡。每當你想要轉換心情時，就回想一下這個回憶。

掌控幹勁

什麼是「原動力」？

「最近做事的動力一直很低落。」

也許你曾把這句話掛在嘴上。

我們常聽到「原動力」這個詞，但又好像似懂非懂。

原動力的英文是「motivation」，意思是做一件事的動機，亦即促使一個人行動的動機或原因。

只要具備原動力，就會「產生幹勁」＝「願意展開行動」。講得白話點就是「幹勁的來源」，可以開啓潛意識的開關。

那日文的「幹勁」又是什麼意思？

幹勁的日文寫作「やる気」，依字面上的意思，「やる」是「做」＝

「行動」；「気」則是指「能量」。所以「幹勁」就是「行動所需的能量」。

由於人類是需要不斷行動的動物，因此「行動所需的能量」就等於「生命力」，也就是「活下去的力量」。

所以，每個活著的人都不可能沒有幹勁，畢竟活在世上就代表具備活下去的力量。

問題只不過是，這些人在某些情況下提不起幹勁而已。

面對必須完成的工作時提不起幹勁，確實可能發生。但這並不等於沒有幹勁，而是對於某件事物提不起幹勁；換句話說，只是不想將活下去的力量用在這件事情上。

那麼，究竟對哪些事情提得起幹勁？

只要深入剖析這一點，就會明白該怎麼提起幹勁了。

掌控幹勁的筆記術

假如現在你感覺自己提不起幹勁，那麼我們要做的，就是剖析你對哪些事情提得起幹勁。

讓我們利用筆記本，寫出哪些事物能讓你提起幹勁，又對哪些事物提不起幹勁。

將筆記本攤開來，在左右兩頁的正中央各畫一條直線，區隔出四個框格。

框格①的標題寫上【提不起幹勁】。將所有讓你覺得提不起幹勁的事物，毫無遺漏地一一寫下來。

①**【提不起幹勁】**

- 整理收據。
- 製作關於業務A的企劃案。
- 整理電子郵件。

・打掃房間。

・幫人買東西。

肯定有很多讓你提不起幹勁的事。請你仔細看看寫下的事物，有沒有發現什麼共通點？也許你光是看到這些事物，就會有股厭煩的感覺，請你細細感受這份感覺。

接下來，在框格②寫出如果可以盡情去做任何事，你會想做什麼。框格的標題是②【想盡情去做的事】。

既然是想盡情去做的事情，就不必和工作或必須做的事情有關。要是現在有人對你說：「你可以做任何想做的事。」你會想做什麼？將這些寫到框格②。

②**【想盡情去做的事】**

・創業的準備工作。

・約學生時期的朋友見面。

• 構思B專案的提案。
• 學習出國旅遊用得到的英文。
• 把一直沒看的商管書從頭到尾看完。
• 參加現場演唱會或音樂會。

想盡情去做的事背後隱藏著你現在的眞實心情。瀏覽你寫下的每一項回答，把你的發現寫到框格③。

③ **【我的發現】**

• 想要提高我的工作能力。
• 想要盡快創業。
• 想要拓展國外的人脈，從事能搭起日本與外國橋梁的工作。
• 想要精進商務技巧。
• 想要有足夠的時間用於興趣上。

看看你想盡情去做的事情，在這些項目當中，可能就有今天、甚至當下此刻就能辦到的事情。也許有的十分鐘就能做完，有的只要做個一小時就能讓你精神百倍。仔細觀察，其中是否包含了這樣的事物？

在框格④寫下**【現在馬上就能做的事】**。

舉例來說，如果你的其中一個回答是「參加現場演唱會或音樂會」，就可以動身「去看今晚的現場演唱」或「聆聽喜愛歌手的演唱會錄音」。只要馬上去做喜歡的事情，內心就會獲得滿足，同時也等於是承認自己懷有幹勁的事實。當你提不起幹勁的時候，切記要安排時間來喚起幹勁。

因爲，這能蓋過你以爲提不起幹勁的臆想。

而當你發現自己其實非常想提高工作能力，你就有辦法以此爲目標採取行動，例如「寫出本週在工作上學到的事物」「閱讀商管書」「尋找職場方面的講座」「針對下週預定的工作行程，進行模擬練習」等。

掌控幹勁的筆記術

＜事前準備＞

1：將筆記本區分出4個框格。

2：在各個框格上方，由左至右寫下「①提不起幹勁」「②想盡情去做的事」「③我的發現」「④現在馬上就能做的事」。

① 提不起幹勁	**② 想盡情去做的事**	**③ 我的發現**	**④ 現在馬上就能做的事**
・整理收據 ・製作關於業務A的企劃案 ・整理電子郵件 ・打掃房間 ・幫人買東西	・參加現場演唱會 ・彈吉他 ・構思B專案的提案 ・創業的準備工作 ・約學生時期的朋友見面 ・學習出國旅遊用得到的英文 ・把一直沒看的商管書從頭到尾看完	・想要有足夠的時間用於興趣上 ・想要把吉他彈得更好 ・想要提高我的工作能力 ・想要盡快創業 ・想要拓展國外的人脈，從事能搭起日本與外國橋梁的工作 ・想要精進商務技巧	・聆聽喜愛歌手的演唱會錄音 ・傳訊息給學生時期的朋友 ・挑選一本商管書並翻開閱讀

＜筆記的實踐步驟＞

①：寫出你現在對哪些事情「提不起幹勁」。

②：如果有人跟你說：「你可以做任何想做的事。」你會想做什麼？寫下你的回答。

③：瀏覽②「想盡情去做的事」，將你的發現寫進框格③。

④：寫出現在馬上就能做的事，實際去做。

打開內心的閘門，就能提起幹勁

當你感到現在實在提不起幹勁的時候，可能是內心眞正想做的事情被加了一道閘門，塵封深處。

我們人天生就會把幹勁、生命力，用在內心深處感到有意義的事物，這也是幹勁的特性。如果你無法將幹勁用在原本想用的事上頭，那麼，面對你必須做的事情時，也會跟著提不起勁。

我們要做的第一步，是將自己的生命力釋放出來。

具體的方法是，徹底釐清自己「喜歡」與「擅長」哪些事物，去做打從心底想做的事情。

當你徹底釋放了生命力，著手去做該做的事情之後，想必你將發現自己比以前更容易提起幹勁了。

爲此，就要回想並深入剖析你「喜歡」與「擅長」哪些事物。這些事物會幫助你找到幹勁的來源。

徹底剖析自己「喜歡的事」筆記術

我們該怎麼找到幹勁的來源？

關鍵就是尋找你喜歡的事物。只要明白你喜歡什麼，也就跟著明白幹勁的來源在哪裡。

讓我們運用筆記本來剖析你喜歡的事物。

翻開筆記本，在左右兩頁的正中央各畫上一條直線，區隔出四個框格。

在框格①當中，寫上你喜歡的事物。

盡可能挖掘陳舊的記憶，最好能寫出國小以前喜歡的事物。因爲學齡前「喜歡」的事物，是促成現在「喜歡」事物的原點。

等到把學齡前「喜歡」的事物全部寫出來之後，再按照順序寫出國小時期、青少年時期、成年後「喜歡」的事物。

①【喜歡】

- 著色畫
- 摺紙
- 單槓
- 空手棒球（譯注：日本使用柔軟材質球體進行的簡易棒球，直接以手掌打擊與接球。）
- 鬼抓人
- 踢罐子
- 科幻小說
- 夏目漱石
- 籃球
- NBA選手
- RAP
- 嘻哈舞蹈
- 藍調
- 吉他
- 爵士
- 樂團演奏
- 小號
- 三味線
- 和太鼓
- 合氣道
- 茶道

盡可能寫出所有你「喜歡」的事物。就在你一個接一個寫出來的時候，想必也會回想起各式各樣的事情。或許你會想到一些遺忘已久，但一旦憶起便會發現，「那個時候真的很著迷」的事物。

一個也不漏地寫完後，接著在框格②寫上「討厭」的事物。

一樣是從學齡前開始，按照年齡增長的次序寫出當時「討厭」的事物。

②【討厭】

- 珠算才藝班　•補習班　•回家作業　•考試
- 數學　•幾何題目　•將棋　•跪坐
- 寫讀書心得　•英翻日　•閱讀原文書　•列舉報帳費用
- 填寫業務日報表　•陌生開發　•企劃案

正如喜歡的事物多到數不清一樣，討厭的事物應該也多得數不完。只要有些許的厭惡，就一併寫到「討厭」框格裡。舉例來說：

- 在學校下課十五分鐘後，聽到上課鐘聲響起。
- 聽到別人說：「你要有國中生的樣子。」
- 聽到別人說：「給我好好對業績負責。」

像這樣，儘管揀選出只有你自己清楚、只帶著些微厭惡感的事物。這些「討厭」的事物，就是你「想要避開」的清單。換句話說，不在這份清單上的事物，就有可能隱藏著你「喜歡」的事物。瀏覽框格②所寫的「討厭」項目，問問自己：「這些討厭的事物對應到哪些我喜歡的事物？」

將你由此得到的「喜歡」答案，寫到框格③。

左頁的框格①與右頁的框格③都一樣是你喜歡的項目。這就是你「喜歡」的事物一覽表。

瀏覽你寫下的所有答案，你覺得你「喜歡」的事物大多具有怎樣的特點？想必你會歸納出許多種特質。

比如說，「喜歡自由無拘」「喜歡毫無顧忌地盡情發揮能力」等。

瀏覽爲數眾多的「喜歡」，將這些喜歡的事物背後的價值觀，用語句描述出來，寫到框格④。

從框格④的回答當中，尋找讓你覺得「說什麼也絕不退讓」「只要能滿足這一點，其他沒有也沒關係」的回答。

這就是你心中最重要的價值觀。

我稱之爲**絕不退讓的價值觀**。

要是你今後的人生中，時時刻刻都能滿足於這份「絕不退讓的價值觀」，充分品嘗箇中滋味，情況會如何？想必你會覺得，只要是爲了這個目的，你願意做任何事。

假如找到了讓你有這種感覺的價值觀，那麼，這就是你的幹勁來源。

以上方法，就是幫助你從喜歡的事物中，找出絕不退讓的價值觀。

如果一項行動能滿足你絕不退讓的價值觀，肯定會頓時燃起幹勁。只要好好重視，自然會提高行動力。

徹底剖析自己「喜歡的事」筆記術

＜事前準備＞

1：將筆記本區分出4個框格。

2：在各個框格上方，由左至右寫下「①喜歡」「②討厭」「③這些討厭的事物對應到哪些喜歡的事物？」「④絕不退讓的價值觀」。

① 喜歡	② 討厭	③ 與討厭的事物相對應	④ 絕不退讓的價值觀
・著色畫・摺紙 ・單槓・空手棒球 ・鬼抓人・踢罐子 ・科幻小說 ・夏目漱石 ・籃球・NBA選手 ・RAP・嘻哈舞蹈 ・藍調・吉他 ・爵士・樂團演奏 ・小號・三味線 ・和太鼓・合氣道 ・茶道	・珠算才藝班 ・補習班・回家作業 ・考試・數學 ・幾何題目・將棋 ・跪坐・寫讀書心得 ・英翻日 ・閱讀原文書 ・列舉報帳費用 ・填寫業務日報表 ・陌生開發・企劃案 ・在學校下課15分鐘後，聽到上課鐘聲響起 ・聽到別人說：「你要有國中生的樣子。」 ・聽到別人說：「給我好好對業績負責。」	・美術與美勞 ・音樂・跳舞 ・玩遊戲・打電動 ・聽故事・想像 ・活動身體 ・即興演出 ・自由發揮・夥伴 ・團隊合作 ・現場演出 ・文學・小說	・用自由的形式來表現藝術 ・毫無顧忌地盡情發揮能力 ・在團隊合作中發揮自身能力

＜筆記的實踐步驟＞

①：寫出你喜歡的事物（按照學齡前、國小、國高中、成年後的先後順序）。

②：寫出討厭的事物。

③：瀏覽②的「討厭」項目，問問自己：「這些討厭的事物對應到哪些喜歡的事物？」再次寫出「喜歡」的方面。

④：瀏覽①與③的「喜歡」，用語句描述你的價值觀。

徹底剖析自己「擅長的事」筆記術

正如喜歡的事物一樣，至今的人生中你曾經擅長的事物，同樣也蘊藏著幹勁的來源。

擅長的事物可能是你出於喜歡而覺得有趣、鍥而不捨地持續下去，最後就變得很擅長。也有可能是無意間成功辦到之後，再不斷反覆練習，終於變成你所擅長的事物。

無論如何，你的本質就潛藏在擅長的事物當中。

「我沒有一件事稱得上擅長。」

或許你會這樣自謙。其實這裡說的擅長，是指你自己曾經感到「這個我做得還不錯」的事物。不需要客觀事實，而是以自己的看法爲主。

「我小時候跑得很快、很厲害，不過運動會從來沒得過第一名。」

像這樣的答案就可以。最重要的是，你曾經感覺自己很擅長。

讓我們再一次運用筆記本來剖析這個主題。

翻開筆記本的頁面，在左右兩頁的正中央各畫一條直線，由左至右分別隔出①到④四個框格。

在框格①寫出你所「擅長」的事物，也就是你曾經感覺自己擅長的領域。和「喜歡」的事物答案重複無妨。不一定要別人覺得很厲害，只要你自己覺得很擅長就算數。從學齡前階段到目前爲止，按照時間順序寫下你曾經擅長的事物。

①**【擅長】**

- 演默劇
- 變魔術
- 翻花繩
- 猜拳
- 模仿朋友
- 改編歌詞
- 唱歌
- 跳舞

即使是不起眼的小事也好，請你毫無遺漏地全寫出來。

接著，在框格②寫出不擅長的領域，也就是你覺得困難的事物。

②**【不擅長】**

- 背誦
- 算數
- 將棋
- 長跑

當你在框格①寫好【擅長】的事物，框格②寫好【不擅長】的事物之後，從頭到尾檢視一下，有沒有什麼共通點？當初爲什麼會擅長這件事？又爲什麼不擅長？將擅長之物的本質，用語句描述出來，寫進框格③。

③【擅長事物背後隱藏的本質】

- 我很擅長根據現場氣氛即興表現。我想盡情享受當下。
- 我很擅長逗大家開心。要是人生過得不快樂，就沒有意義了。
- 我喜歡且擅長音樂領域。音樂讓人生變得豐富多彩。
- 我很擅長節奏強烈的東西。節奏就是生命。

請你瀏覽一下①【擅長】所寫的答案，其中有沒有引起你內心的共鳴？如果有好幾項都引發你的共鳴，請你細細感受，這些項目有什麼共通點。

最後，用一句話描述其背後的價值觀，寫進框格④。

④【絕不退讓的價值觀】

- 透過現場氣氛即興表現，來帶給人們歡樂，讓我感覺活得很有意義。

這就是透過深入剖析擅長與不擅長的事物，所得出的「絕不退讓的價值觀」。

假如你的生活能充分滿足這項「絕不退讓的價值觀」，情況會如何？是不是每天都變得很開心？一旦能滿足這份「絕不退讓的價值觀」，你就會願意做任何事，當你達到這個狀態時，自然就會快速採取行動了。

從絕不退讓的價值觀，找到讓人興奮雀躍的未來願景

我們透過剖析自己「喜歡」與「擅長」的事物，找到了幹勁的來源。而這裡發現的幹勁來源，就是「絕不退讓的價值觀」。價值觀是指一個人的核心思想、信念、好惡、對錯與好壞的判定標準，同時也是行動的準則。

或許也可以說是「看待事物的本質」。

如果能運用這份本質，在心裡描繪出具體的行動、狀況與環境，就會化為讓人興奮雀躍的未來願景。

未來的景象充滿無限可能。越是描繪，越能得到無數讓人興奮雀躍的未來願景。

第三章將詳細介紹如何做到。

梳理情緒，
成為立刻去做的人

Q1 現在什麼事情占據你心裡最大的位置？

Q2 你原本期望這件事會是什麼樣子？不要考慮任何限制（導致沒能得到這個結果的因素），寫出來。

Q3 怎麼做有助於讓那些事與願違的部分順利發展？挑選其中一個方法並寫出來。

3

第三章

讓自己變成立刻去做的人！描繪夢想的筆記術

當你發現自己始終沒有真正展開行動時，就該這樣做！

本章要介紹如何跳脫第二個行動陷阱「無法想像美好的未來」與第三個行動陷阱「把課題想得太困難，過度看輕自己的能力」。

「唉，我沒一件事是成功的……」

也許你有時會產生這種念頭，尤其是瞥見同儕、同事、競爭對手一帆風順時，你反觀自己的現況，難免心生這樣的想法。

一旦你開始出現這種感覺，就會接二連三發現自己有好多做不好的事情。

「這個也沒完成！」

「那個也只是半調子的程度！」

「關於那項計畫，從頭到尾都只有嘴上說說，根本沒有實際去做！」

每個人都曾有過這樣的經驗。

之所以如此，是因爲人天生有種心理運作機制：「一旦聚焦在某件事情，並糾出缺點後，就會在心裡不斷發酵，越變越大。」

當你發現自己「某件事情做不好」以後，進一步「聚焦在這件事情並糾出缺點」，便會發現自己每件事都只是半調子，一點都做不好。

找出自己「辦得到的事」筆記術

這個時候，請你深呼吸，讓心平靜下來。

接著拿出筆記本，在空白的一頁中間畫上一條直線，隔出兩個框格。

直線左邊是框格①，寫上你自覺「做不好的事情」。

①**【做不好的事情】**

- 提出經費申請單。
- 交出新企劃提案。
- 聯絡預定拜訪的對象。
- 提交商談報告。

接下來，在直線右邊的框格②寫出「儘管如此，我還是做到了這些事」。

就算你覺得自己什麼都做不好，實際上還是辦到了許多事情。你可以先從「每個人都會做、很簡單的事」開始寫起。

②**【儘管如此，我還是做到了這些事】**

- 把使用經費的帳單與收據集中保管在固定的地方。
- 開會討論新企劃時，確實做了筆記。
- 已經和拜訪對象確認過哪些時間方便。

・每天都跟同事打招呼。
・已把前半段的商談過程寫進電子郵件並寄出。

寫到這裡，想必你會發現，雖然你還沒完成全部的事，但其實已經做到了其中一部分，或是曾經做過某件事。很多人會把做到一半的事情看成是「還沒做」，進而責怪自己。

若要學會接納客觀事實，就不必在意過程與結果，而是「認可自己成功做到的事」。

當你像這樣寫出自己已經做到的事情，內心就會逐漸平靜下來。

若想順利採取行動，就需要培養接納客觀事實的能力。

九成的問題，光靠釐清問題點就能解決

問題無限多，課題卻是有限的。

因爲世界上的問題無窮無盡，但我們能著手解決的課題寥寥可數。無論解決再多課題，還是有極限。

心理教練的工作是協助客戶解決問題，做法非常單純。

心理教練與客戶開始對話的第一步，是先將客戶認爲無限多的問題，區分爲應該著手解決的「課題」與「其餘」等兩大類。

光是區分，就能大幅簡化客戶心裡煩惱的問題。

區分問題既簡單又有效。我們陷入混亂的時候，肯定都沒有好好做到這一點。

若想釐清混亂不堪且莫名其妙的狀況，首要之務就是區分這些問題。

所以，當你覺得完全搞不清狀況的時候，請立刻轉換想法，開始著手區分問題。

只要釐清問題，也就跟著弄清楚答案

釐清問題便能得知答案

一旦釐清，就能弄清楚。

一旦弄清楚，事情就會轉變。

先釐清你面臨的問題，再思索解決方法

只要釐清問題，也就跟著弄清楚答案

我們必須懂得分辨，眼前的問題究竟是不是自己應該解決的課題。

爲了協助你做到，以下介紹釐清問題的筆記術。

首先，請你準備筆記本與便條紙。

接著，將筆記本平攤開來，分別在左右兩頁的正中央各畫上一條直線，隔出框格①到④。

再來，在便利貼寫上你認爲現在必須解決的課題或工作，貼在框格①。將你想得到的課題全寫出來並貼上。在框格①寫上標題【非做不可的事】。

等到框格①被便利貼填滿後，請你環視一下所有便利貼。想必你會感覺到一些什麼。

接下來，看看框格②。

這裡現在還是一片空白的狀態。框格②是用來貼上你由衷想著手的課題，所以暫時空著。

看看框格①，尋找讓你興奮雀躍地覺得「我想做這件事！」的項目之後，貼到右邊框格②。在框格②寫上標題【我實在很想做這件事】。

如果不是你很想做的事，請不要更動位置。唯有讓你期待得不得了的事，才是你該著手解決的課題。

如果你覺得「沒有一張便利貼需要移到②【我實在很想做這件事】」，請你額外用新的便利貼寫上「超級想做的事」再貼上去。

不一定要工作方面的事情，只要打從心底覺得「超級想做」就可以。

至於貼在①【非做不可的事】欄位裡的項目，不是你會非常期待雀躍的事情，卻是絕對非做不可的。如果裡面有讓你強烈覺得根本不必做的項目，就挪到框格③。

在框格③寫上標題【這些事要交給別人做】。

框格③所貼的，並不是自己無論如何都非做不可的事情。請你尋找合適人選，讓他們來做。

接下來，在①【非做不可的事】欄位裡，有沒有你覺得其實也不是那麼必要、做不做都無所謂的事？

有些事只是在不知不覺間變成一種習慣，日復一日延續下去，但其實你根本不必做，別人也不需要做。請將這類事情貼到框格④。在④寫上標題【這些事不必再做】。

或許現在①【非做不可的事】還留著一些便利貼，這些都是再討厭也必須做的。請你馬上著手去做，盡快完成。如果是需要長期投入的事情，請你每天勤奮地一步步完成。

這個時候，貼在②【我實在很想做這件事】就是你最重要的課題。請你盡情去做。

將框格③【這些事要交給別人做】的事務交給他人，並且停止做框格④【這些事不必再做】的項目。

於是，你眼前的所有課題就區分整理完畢了。

不知道該從哪裡做起

現在我們已經從無數的問題當中，找到自己眞正該做的課題。找到課題以後，就只剩著手解決了。請你隨心所欲去做。

話雖如此，但你可能還是無法行動。

打個比方，假設現在主管把你叫過來，對你說下面這番話，你會怎麼想？

「今天起，由你負責本公司的永續發展目標（Sustainable Development Goals, SDGs）。之前公司沒有多餘的人力可以處理，不過現在開始得在這一塊投入心力了。我從那麼多人裡面挑中了你，決定由你來擔此重任。給我好好做。」

主管把自己的責任完全推給你。原本你對「永續發展目標」一詞的認識，只不過略有耳聞，可以說完全不清楚其中的含意。

你根本處於不知道該從哪裡做起、茫然無措的狀態。這時該怎麼辦？

在此介紹運用筆記本來解決課題的方法。

將筆記本平攤開，在左右兩頁正中央各畫上一條直線，隔出①到④框格。

框格①寫上你對永續發展目標【現階段已知的事情】。雖然你幾乎完全不清楚，還是要寫出僅有的已知部分。

①【現階段已知的事情】

- SDGs念做「S-D-G-S」。
- 最後的「s」是英文的目標「Goals」的複數「s」。
- 和聯合國有關。
- 有17個目標。
- 應該有一定的完成期限。
- 大企業開始紛紛投入這項計畫。
- 關係到企業的聲譽。

瀏覽一下①【現階段已知的事情】，無論多寡，都不必喪氣或感到丟臉。畢竟你本來就不是很懂，所以就算不太確定寫出的答案也沒關係。我們要從這個階段開始逐步拓展。

在框格②寫上你想透過這項課題，成就怎樣的未來。

②**【我想達到怎樣的狀態？】**

- 成爲公司的永續發展目標專員。
- 能夠和其他公司的永續發展目標負責人對等談話。
- 能替公司的永續發展目標訂定策略。
- 成爲公司裡最清楚永續發展目標相關事宜的人。
- 成爲帶領全公司執行永續發展目標的實務領導人。
- 接到其他公司的挖角。
- 接受來自業界專門刊物的採訪。
- 被公司指派出席國際會議。
- 到聯合國發表演講。
- 獲選爲《時代雜誌》百大影響力人物。
- 獲選爲永續發展目標的監督人員。

雖然現階段還不甚清楚，但只要如實接納自己現在的狀態，就能根據目前的基礎，描繪出未來想達到的理想目標。

在這個例子裡，你妄想未來將成爲國際知名的專員，其實也未嘗不可。

就算描繪的情景荒腔走板也不要緊，當你實際行動後，自然就會調整目標，所以不用擔心。只要描繪出讓人「興奮雀躍的未來願景」，就能以此爲目標，開始思索自己現在應該做些什麼。

了解當下的狀態才是最重要的，唯有如實接納現在的自己，才能描繪出讓人「興奮雀躍的未來願景」，同時也能激發行動力。

框格②【我想達到怎樣的狀態？】已經得出了「興奮雀躍的未來願景」，接下來，請你將達成這個目標的必要過程寫到框格③【接下來要做的事情】。這個目標肯定不是一朝一夕可以辦到，所以請你不必因爲無法立刻實現，便感到灰心或焦急。

一開始踏出的第一步至關重要。

以剛才的例子來說，第一步也許會是「上網搜尋永續發展目標」。把這個答案寫到④【第一步】。

雖然這個方法看似每個人都想得到，卻是你爲了實現「想達到的狀態」，而具體找出的一小步，正因如此，你就會有行動的動力。

無法採取行動的人，就是因爲沒有如實接納眼前的狀態，進而思考如何達成理想的未來，所以才無法展開行動。

這個時候，首先要做的就是區分問題並確認課題，以及接受現在的實際狀態。

在一天結束時，回想自己辦到哪些事情

有些人的問題是因爲沒自信，而無法展開行動。

這樣的人把注意力全放在自己做不好的事，每天不斷想著，變得越來越沒有自信。

反過來說，只要有了自信，就能成為精明能幹的人。

想要培養自信，首要之務就是尋找做得很好的自己。

曾經有段時期很流行「尋找自我」這個詞。

有些人批評那些尋找自我的人是逃避現實，認爲「自我不是透過尋找可得的」。

這裡介紹的方法，不是漫無邊際地尋找自我，而是找到那個表現出色的自己。

就像前面提到的，其實我們在日常生活中成功的部分比較多，只是因爲很容易著眼於還是做得不夠好的部分，於是開始一味尋找「不夠好的自己」。

這個狀態一旦持續下去，自我肯定就會越來越低落。

解決辦法就是在每一天結束時，細數自己辦到了哪些事情。

打開筆記本，在空白的一頁正中央畫上一條直線，區隔出兩個框格。

回顧一整天，在直線左邊的框格①寫上「今天做的事、成功辦到的事」。

接著，在直線右方的框格②寫上「明天要做的事、想做的事」。這麼一來，你就能把還沒完成或還沒去做的事情，單純視爲「明天要做的事、想做的事」

一般情況下，你會很自然去想那些「做得不好、非做不可的事情」。不過，只要透過筆記本，每天持續書寫這個主題，你會逐漸了解，世上只有「成功做到和今後要做的事情」。這是一種非常正向的思考方式。

另外，請你不時翻回前面的頁數，回顧前幾天寫的內容。你會發現，上面寫著許多「成功辦到的事」，而不是「做不到的事」，這樣一來便能確實提高自我肯定，進而擺脫「我什麼都做不好」的焦躁感。

以上我們已經學到，如何透過確認現狀來看待客觀事實。接下來要繼續學習如何描繪未來願景。

回顧今日一整天，
提高自我肯定

今天做的事、成功辦到的事	明天要做的事、想做的事

描繪理想中的樣貌，就能成為立刻行動的人

描繪未來願景，你必須挪出時間

突如其來聽到「未來願景」一詞，你或許會覺得難以捉摸。

用比較生活化的方式來說，就是「夢想」，同時也是商業領域所說的「願景」（vision）。

當別人突如其來問你：「你的夢想是什麼？」

許多人會回答：「我早就沒有夢想了。」

你是否也是如此？

這就好比商業領域所問的：「你的願景是什麼？」

面對主管的工作指示時，也可以看到相同的情況。

「你對公司要發展的新業務有什麼構想？」
「針對那位客戶，你有什麼提案？」

如果你已經先想過這些問題，突然被問到的時候，就能馬上回答。但假如沒有事先想過，恐怕也只能回一句「我要再想想」。

關於未來有什麼想法？要怎麼實現理想？能否描繪出夢想與願景，端看你是否確實花時間具體描繪。

每個人的人生都是如此。想要活出怎樣的人生？之後想從事怎樣的工作？想做些什麼？倘若沒有先考慮好這些面向，自然給不出任何答案。

之所以無法採取行動，往往是因爲無法具體描繪出未來的樣貌。

這種情況彷彿踏上一場沒有目的地的旅程，完全不知該何去何從，缺乏一套行動的準則。

在書中，我把這類的夢想與願景，稱爲讓人「興奮雀躍的未來願景」。不直接稱呼「未來願景」，是因爲你對想做到的事一定要發自內心感到興奮雀躍，否則不可能付諸實行。光是想像就會興奮不已，這才是你真正想追求的未來願景。

為什麼興奮雀躍的未來願景能提高行動力？

爲什麼我們應該描繪讓人興奮雀躍的未來願景？

因爲這能讓我們的行動有具體的目標，有了判斷標準與行動準則，就不會偏離應有的方向，還能進一步強化行動力，畢竟一刻都等不及要採取行動了。

前面提到讓人「興奮雀躍的未來願景」就是「夢想」，所以也就具備相同的特性。

夢想有兩大特性。

- 在現實中並不存在。
- 非常具體。

因爲現在尚未成眞，所以在現實中並不存在。不過，無論是專案的構想或尚在設計階段的新商品，現在都還不存在或尚未上市，因此也都屬於現實中並不存在的事物。所有尚在腦海裡、處於構想階段的事物全是如此。

再來，毫無可行性的事物不能稱作夢想，所以夢想與願景都有某種程度的具體性。

讓人興奮雀躍的未來願景雖然在現實中並不眞實存在，但也可以描繪得很具體。

雖然現在只存在腦海裡，但只要不斷付諸實行，總有一天會化爲現實。

興奮雀躍的未來願景在現實中並不存在，卻是協助我們創造現實的設計藍圖。

釐清讓人「興奮雀躍的未來願景」筆記術

本節要介紹如何釐清讓人興奮雀躍的未來願景。

這個方法能幫助你描繪未來的自己，想在怎樣的領域與環境、做些什麼。

我們將運用四個框格，寫出協助你描繪興奮雀躍的未來願景的元素。

如果在前面的筆記本頁面，你已經寫過「喜歡」與「擅長」的事情，請你瀏覽當時的頁面來描繪願景。

未來的某一天、某個時間、某一秒，你會在哪裡、做什麼事？先前你已經透過自己喜歡與擅長的事物，一點一滴剖析出絕不退讓的價值觀，請你想像未來的模樣來滿足這份價值觀。

這就是對你而言最美好的未來，最完美的情景。

爲了釐清未來這會是怎樣的情景，請你運用四個框格寫到筆記本上。

框格①寫上你在未來情景裡「看到什麼」。
框格②寫上「聽到什麼」。
框格③寫上「身體感受到什麼」。
框格④寫上讓人「興奮雀躍的未來願景」具體名稱。

①【看到什麼？】

- 夏威夷飯店的大會議廳。
- 我們公司的老闆與高層，以及外國客戶企業裡的幹部。
- 同事。
- 水晶燈。
- 成排的餐桌與自助餐點。
- 有個講臺，眼前還有支麥克風。
- 穿著時髦的男女。
- 窗外是威基基海灘的海浪。

②【聽到什麼？】

- 我演講的聲音透過音響播放出來。
- 玻璃杯、餐具碰撞的聲音。
- 鼓掌的聲音。
- 往來的國外客戶企業老闆致詞的聲音（英文演講）。
- 群眾間英文與日文交錯的談話聲。
- 會場播放的夏威夷音樂。

③【身體感受到什麼？】

- 右手握住麥克風的纖細金屬架。
- 隔著鞋子感覺到50公分高的講臺地板。
- 心跳有點快。
- 內心滿溢著欣喜之情。
- 說話時聲帶振動的感覺。
- 燈光照在臉上的熱度。

•空調釋放出的細微氣流。

這個例子是想像公司在夏威夷飯店舉辦頒獎典禮時，你上臺發表得獎感言的情景。將你具體的想像化爲文字後，輕輕閉上雙眼。

想像你實際置身其中的模樣。盡情沉浸在立體情境的畫面與聲音中，以及身體感受到的一切。

等到充分感受完畢，睜開眼睛。

剛才你所感受到的，正是某一天、某一刻、某一秒，讓人興奮雀躍的未來願景。這個未來願景對你來說有什麼意義？帶給你怎樣的喜悅？

替這個情景取個名稱，再把答案寫到框格④【興奮雀躍的未來願景】。

•我創下公司有史以來最好的業績，獲頒獎項的情景。

電影與小說都需要取名，讓人興奮雀躍的未來願景也一樣。如果能取

釐清「興奮雀躍的未來願景」筆記術

＜事前準備＞

1：將筆記本區分出4個框格。

2：在各個框格上方，由左至右寫下「①看到什麼？」「②聽到什麼？」「③身體感受到什麼？」「④興奮雀躍的未來願景」。

①看到什麼？	②聽到什麼？	③身體感受到什麼？	④興奮雀躍的未來願景
‧夏威夷飯店的大會議廳 ‧我們公司的老闆與高層，以及外國客戶企業的幹部 ‧同事 ‧水晶燈 ‧成排的餐桌與自助餐點 ‧有個講臺，眼前還有支麥克風 ‧穿著時髦的男女 ‧窗外是威基基海灘的海浪	‧我演講的聲音透過音箱播放出來 ‧玻璃杯、餐具碰撞的聲音 ‧鼓掌的聲音 ‧往來的國外客戶企業老闆致詞的聲音（英文演講） ‧群眾間英文與日文交錯的談話聲 ‧會場播放的夏威夷音樂	‧右手握住麥克風的纖細金屬架 ‧隔著鞋子感覺到50公分高的講臺地板 ‧心跳有點快 ‧內心滿溢著欣喜之情 ‧說話時聲帶振動的感覺 ‧燈光照在臉上的熱度 ‧空調釋放出的細微氣流	‧我創下公司有史以來最好的業績，獲頒獎項的情景。

＜筆記的實踐步驟＞

先想像你所能想到最美好的未來情景。

①：寫出這時你在四周「看到什麼」。

②：寫出你在這個情境中「聽到什麼」。

③：寫出你在這個情境中「身體感受到什麼」。

④：替「興奮雀躍的未來願景」取個名稱。

個名稱，每當你說出或想起這個名稱，就能同時想起你所描繪出的理想未來。

任何事物一旦與未來願景做連結，就能有效提升你的行動力。只要回想起取好名稱、讓你感到興奮雀躍的未來願景，就能提起幹勁面對日復一日的枯燥工作。

製作未來願景清單

我相信，讓你感到興奮雀躍的未來願景絕非只有一個。

這是在未來的某一天、某一刻、某一秒，也就是未來任何時間點的願景，那麼自然有無數多個。

前面已經提到，當你充分描繪並感受到讓你興奮雀躍的未來願景以後，一定要取個名稱。而且，最好能將這些願景名稱列成清單。

這裡要介紹如何運用四個框格來製作清單。

框格①「年月日」：這是你在哪一天描繪的？

框格②「未來的時間點」：記錄希望發生在未來的哪個時間點。

框格③「興奮雀躍的未來願景名稱」。

框格④「備注」：加注關於未來願景的具體資訊。

製作願景清單的優點有：

‧可以隨時回想。

‧每當你內心迷惘的時

「興奮雀躍的未來願景」清單			
①年月日	②未來的時間點	③興奮雀躍的未來願景名稱	④備注

候，可以重新找回自己的行動準則。

• 激發幹勁。

這些願景可說是前面提到的「絕不退讓的價值觀」具體化的表現，同時也是「幹勁的來源」。

幹勁的來源是促使人們行動的原因與動機。

當你回顧這份清單的時候，就能回想起你是爲了什麼目的而工作或採取某項行動，重拾最初的心情、重新喚起奮鬥的動力。

描繪未來願景的訣竅

這裡要介紹描繪讓人「興奮雀躍的未來願景」的幾個訣竅。

1. 並非預測未來，是去想像並創造未來

「興奮雀躍的未來願景」本是要思索並想像未來的情景，但每當我詢

問人們：「你希望未來是什麼樣子？」

許多人都會回答：「這個嘛，我也不知道。」

接著便開始預測起未來的樣貌。

「興奮雀躍的未來願景」並不是一種推測或預測，而該是自由自在的想像，也就是說，任由我們盡情想像完美無缺的理想樣貌。

爲了實現想像中的情景，我們便會一步步採取行動。

換句話說，**想像是用來促使我們行動的**。所以不需要任何依據，也不必考慮是否具可行性。

只要實際試試看，就能收到成果。

在此也提醒大家，用不著在實際行動之前，就想著「我可能做不到」，讓自己心生畏懼。

2.回想起自己絕不退讓的價值觀

前面已經介紹如何透過回想你「喜歡」與「擅長」的事物，探索出專屬你的「絕不退讓的價值觀」。請回想你找到的價值觀，想像在這個情境中，滿足了你所有「絕不退讓的價值觀」。

3.拋開羞恥心，盡情描繪心目中最完美的未來

當你還不習慣描繪未來的自己時，想像的過程中往往有所顧忌。

雖然只不過是想像，並不妨礙任何人，但許多人在想像時，卻還是忍不住爲自己設下枷鎖。

讓人興奮雀躍的未來願景必須用蓬勃的想像力來描繪，否則不會受到鼓舞。如果不是讓你興奮雀躍的未來景象，那就絲毫不

描繪興奮雀躍未來願景的訣竅

並非預測未來，是去想像並創造未來

未來應該會是這樣……
希望未來會是這樣！好期待啊！
預測
想像

會引起內心的共鳴，自然也無法化爲實際行動。

所以，請你別害怕丟臉，卸除一切限制，盡情描繪你心目中最理想的未來。就當作自己是在妄想，自由自在描繪未來願景，這就是訣竅所在。

4.描繪願景前，先讓情緒亢奮起來

還有一個訣竅是「描繪願景前，先讓情緒亢奮起來」。情緒低落的狀態下描繪的未來願景，自然不會讓你感到興奮雀躍。

這就好比身體不舒服的時候，總會不自覺往壞的方面想。所以當你身體狀況不佳、心情沉悶的時候，先好好提振心情再去想像未來情景。

5.不是非得實現不可

興奮雀躍的未來願景是描繪當下對未來的自我期許。爲了讓這幅景象化爲現實，自然會開始行動。

話雖如此，卻不表示一旦描繪出某個未來願景，就一定得實現。

開始採取行動後，當你察覺到方向不太對，隨時調整即可。視情況所需，未來願景是可以捨棄的。
「興奮雀躍的未來願景」並不是不可撼動的最終結論。
這是某個時間點暫時的方針。
雖說只是暫時的，但畢竟蘊藏著幹勁的來源，於是就能以此爲目標採取行動。

終極版「興奮雀躍的未來願景」描繪祕訣

「興奮雀躍的未來願景」必須是一想到就讓你期待萬分、興奮莫名的情景。
因爲如果不是這樣，就無法促使你展開行動。
「還算不錯吧。」
如果只是這種程度的喜悅，往往就會輕易放棄。
「算了，辦不到也沒差。」
反過來說，如果能描繪出「極致完美的狀態」，人們就會忍不住展開行動。

不過，突然之間要你描繪，或許有些人會覺得很困難。

因此，這裡要介紹描繪的訣竅。

這個方法叫「劑量調定」（dose titration，逐漸調高分量）。

可以助你慢慢地提升至「極致完美的狀態」。

第一步，請你回想先前透過「喜歡」與「擅長」的事物得到的「絕不退讓的價值觀」，以此來描繪讓人「興奮雀躍的未來願景」。

「業績達到第一名，獲得獎金，去夏威夷度假一星期。」

舉個例子，假設你得出這個未來願景。接下來，開始自問自答。

「滿分如果是一百分，剛才描繪的願景有幾分？」

這個未來原本已經讓你覺得很開心了，但是經過自問自答之後，也許你會回答「八十分」。

如果是這樣的話，就添加其他要素，塡補剩下的二十分，重新描繪一個更開心的狀態。以下面的情景爲例。

「不只獲得年度MVP，領到獎金，去夏威夷玩，還被公司派到歐洲研習參訪，順道參觀多處歐洲世界遺產。」

請你身歷其境地體會這番情景，再打一次分數。假設你的感覺是「九十五分」，還沒到一百分，就再用其他要素塡補額外的五分。反覆進行以上步驟，直到你給出一百分爲止。等到變成一百分以後，請你接著詢問自己以下問題。

「假如變成現在的兩倍、兩百分，會是怎樣的未來景象？」

其實一百分就已經夠開心了，現在甚至還翻倍。

「業績一直都是第一名，被提拔爲新公司的CEO，接著成長到超越母公司的規模，甚至到全球開設分店。每天搭飛機往來各國之間，與知名人士進行交流。」

也許你會得到這樣的未來願景。

描繪出怎樣的未來願景，全都由你決定。透過慢慢提高分數，描繪出對你而言精采絕倫的「興奮雀躍的未來願景」。

徹底化身為成功人士，達成終極的理想樣貌

由於「興奮雀躍的未來願景」是虛擬的未來，因此你完全不必被眼前的自身條件限制束縛。比方說，以十年後的未來而言，社會的狀況肯定大不相同，你的情況自然也完全不一樣。

將「現在的狀態就是如此」或「我就是這個樣子」等限制想法全部清

除掉，就能得出你心目中最美好的未來願景。

這個時候，爲了卸除對自身的限制，請你先想像自己化身爲成功人士，或體現出你心目中終極理想樣貌的人，接著再想像讓你感到興奮雀躍的未來願景。

舉個例子，你可以想像如果你是大前研一或亞馬遜的CEO貝佐斯，你會如何思考？用他們觀看事物的方式來描繪你的未來。

這個方法有助於卸除你加諸在自身的各種限制。

4

第四章

讓無法付諸行動的自己徹底改變

拆解大課題

本章要介紹如何脫離第四個行動陷阱「感覺事情不會順利」，以及第五個行動陷阱「不知道該做什麼」。

只要著手整理大型課題，就能進一步拆分，變得更細小，更容易處理。

如果能進行細分，就能和其他人共同分擔，分解成很小的單位並列出先後順序，於是就化爲一項接著一項的具體程序。

大型課題並非都能夠在一朝一夕解決，有的要花上一年，有的需要訂定中長期的計畫，耗費數年才能完成。越大的課題，越花時間。

我們必須訂定解決課題的進度表，否則就會淪爲沒有計畫的臨時起意、一切憑感覺來，最後導致每件事都徒勞無功。

設計進度表的時候，如果一開始就考慮到細部，勢必會遇到挫折。

第一步應該是先瀏覽整體的流程，構思大致過程。

接下來，才是排定粗略的流程，接著再一步步細分。

經過細分的過程，已經拆解成能在短期內完成的課題。

即使這項計畫的實行期長達十年，我們也可以逐步細分成五年、三年、一年、半年、三個月、一個月、一週、一天、一個小時、十分鐘、一分鐘。

只要能分解出每個時間單位應該解決的課題，彙整成一覽表，就能訂定詳細的進度表。

當你想去某個地方，你需要哪些東西？

「我每次都會先訂好目標，再朝著目標努力，但總是徒勞無功。」

有的人可能也遇到同樣的問題。其實這些人願意著手訂定目標，也渴望達到目標，更具備行動力，不過總是無法成功。這到底是爲什麼？

你是如何決定透過哪條路徑來達到目標？本章要一步步思考這個問題。

明明清楚自己的目標卻達不到，這種狀態就好比在開車的過程中迷路一樣。

「迷路」的狀態，就是在不知不覺間開始朝著非目的地的方向前進，甚至已經不知道自己現在身在何處。不管走往哪個方向，都不確定這條路對不對。

當你稍微感覺「可能是這邊吧」，就竭盡全力往這個方向前進，但其實你並不知道這條路到底對不對。無論是前進、還是退回原路，都感到迷茫無助，內心焦慮萬分。

對於工作上的每件事情總是立刻動手完成，卻完全收不到效果。

遇到這種狀況，究竟該怎麼做？請你先靜下來，接著有三件事是你必須做的。

1看地圖。

2確認現在的位置。

3確認目的地。

現在很多人的車上都配有衛星導航。導航會告訴我們車子目前的所在地。只需設定目的地，導航就會告訴我們走哪條路可以抵達。只要開啓導航，問題就解決了。

至於工作與人生方向，又該如何掌握？

工作與人生的地圖，必須由自己創造。因爲沒有一份地圖適用於所有人。看著別人的地圖前進，只會更迷惘而已。

當你決定目的地之後，才有辦法創造這份地圖。

前面已經提過，如何確認現在的位置（現在的狀態）與目的地（興奮雀躍的未來願景）。這份地圖上確實記載著「行動藍圖」，將現在的位置與目的地串聯起來。如果一份地圖無法幫助你抵達目的地，那就沒有任何意義。

發現「只要肯做，就會成功的行動藍圖」筆記術

「行動藍圖」能幫助我們確認現在的位置、欲抵達的目的地，用筆記本的四個框格來比喻，相當於③【過程】的定位。本節要介紹如何描繪通往未來願景的具體過程。

我們在擬訂未來計畫的時候，往往傾向於按照時間順序、構思從現在到未來的過程。不過，這會讓你遇到各式各樣的課題與阻礙。

「果然還是太難了……」

於是，你在過程中會忍不住遲疑。這是因為當你思考的時候，在現在既有的限制上，又疊加上未來的限制。

描繪抵達目的地的行動藍圖時，請你從「目的地」反推回「現在的位置」。

首先是描繪興奮雀躍的未來願景。如果有一天，你眞的實現了這樣的未來，在這不久前的時間點裡，你會是什麼樣貌？再稍早一點的你，又具備了哪些條件？從未來往前回溯時間，想像各個階段的你身處於怎樣的情

景。

這麼一來，就能在所有課題與阻礙都解決的前提下，想像自己應該做些什麼。

另外，當你實現理想未來的時候，已經沒有了周遭的阻礙與反對，就算有也已經解決完畢。既然如此，你勢必已經和周遭人們（客戶、同事、家人與其他所有人）達到和諧的狀態，一步步拓展出合作關係。因此不只要描繪自己，也要描繪讓所有人感到喜悅的過程。

讓我們找出讓你越做越開心的「只要肯做，就會成功的行動藍圖」，切勿尋找「做了只是白費工夫的行動藍圖」。

以下介紹如何以未來願景為目標，探尋出會成功的行動藍圖。

做法和前面一樣。在左右兩頁的正中央各畫上一條直線，區隔出四個框格。分別寫上①現在、②未來、③過程、④第一步。

在你充分想像①現在與②未來之後，接下來的步驟如下。

1.充分描繪出讓人「興奮雀躍的未來願景」。

2.從未來願景往前回溯，想像到現在爲止的你會經歷怎樣的過程，寫到框格③。

3.接下來，從現在的時間點開始往後推算，想像直到你實現「興奮雀躍的未來願景」爲止，一路上是如何變化的，將你認爲應該做的事情寫到框格③。

4.反覆往返於「興奮雀躍的未來願景」與「現在」之間，找出你覺得最合理的行動藍圖。

5.思考第一步該採取什麼行動，才能踏上這份合理的行動藍圖。

走到十字路口，你可以這樣做

每個人都曾有過站在人生的十字路口，不知道該往哪個方向前進，躊躇不前的經驗。

這個時候，尋找行動藍圖的方法就能派上用場。

「興奮雀躍的未來願景」這個目的地是固定的，卻有許多條道路都能抵達目標。

如果你有多個選項，請分別根據每個選項模擬出到達未來願景的過程。

比方說，你可以模擬做了某件事情後，會發展成怎樣的情形。請模擬五到十年後的景況。

接著，模擬一下沒去做會有怎樣的結果。

從目的地往前回溯到現在的位置，將過程發生的各種變化，具體記錄在筆記本與便利貼上，嘗試模擬可能的景象。這麼一來，你就有辦法比較各種選擇會帶來怎樣的結果，清楚知道「做」或「不做」的差異。

挑選一個選項，攤開筆記本後，用整整兩頁書寫這個選項會帶來怎樣的後續發展。重複用同樣的步驟寫出每個選項。

等到書寫完多組選項，再互相比較，就能明白哪個做法比較恰當了。

借助六種他力

也許當你選擇多種行動藍圖的時候，內心的想法是「感覺每個行動藍圖都不太可行啊」。這種時候，請你回想六種他力。

【六種他力】

1. 人。
2. 物。
3. 金錢。
4. 知識和情報。
5. 技術和竅門。
6. 其他。

當你感到事情發展不順利的時候，表示視野已經變得很窄。

請你回想起這六種他力，嘗試思考：「有沒有人能幫我？」「有沒有什麼方便好用的物品？」「有沒有可運用的補助金（金錢）？」「有沒有可運用的知識或情報？」「有沒有什麼方法可以彌補需要的技術或竅門？」「還有沒有任何有幫助的事物？」這麼一來，便能有效拓展視野。

按照順序環顧這六種他力，寫出有哪些事情是辦得到的。

就算沒辦法憑一己之力解決，也可以借助他者的力量來解決，這種情況所在多有。

看清行動藍圖後，再回頭看你現在的所在地

假設我們已經充分掌握了行動藍圖，你很清楚今後將如何發展，而且感覺可行性滿高的，那就表示進展相當順利。

來到這個階段，再回頭看看現在的狀況，想必你能感受到不同以往的意義與含意。

原本你的想法可能是：

「現在眼前全是一些煩人的事情。」
「雖然對未來抱有期待，但是不知道該何去何從。」
「始終很想採取行動。」

不過，現在我們已經描繪出行動藍圖，確實有辦法抵達目的地了。你是否已經開始這麼覺得：

「我已經坐不住了，現在整個人充滿希望。」
「目標明確，沒有任何迷惘。」
「想要立刻動身往前衝。」
「確定這就是我想要的未來，內心堅定無比。」

如果你有辦法用言語描述現在的感受，請你替自己現在的狀態訂個名稱、記錄下來。

看待現況的角度不同，行動也隨之不同

我們對現在的認知已經轉變了。正是因爲我們描繪了行動藍圖，確認了未來願景，有如身歷其境地感受理想景象的緣故。

其實我們無法單獨認知「現在」。一般來說，我們往往覺得現在是由過去變化而來，現在就是過去的終點。

舉個例子，假設你只看到自己的過去：「大學幾乎沒有好好讀書，出社會以後也沒做出什麼成績。」那麼你就會認爲現在的狀態是：

「我沒有什麼可取之處。」

不過，如果你描繪出創業後大獲成功的「興奮雀躍的未來願景」與「行動藍圖」，你對現在的看法就會確實改變。

「現在的我位於起點，正要開始尋找新的商業種子來創業，做出一番

大事業。」

你的想法肯定會變成這樣。

如果從職業生涯結束的時間點來看，現在正可謂是人生轉捩點，對吧？

正因為擁有想要實現的「興奮雀躍的未來願景」，才能明白「現在」蘊藏的意義。現在不只是過去累積的結果，同時也是爲了實現未來的目標而存在。

只要看待現在的方式變了，行動也會跟著改變，能夠爲了實現目標而採取行動。甚至就算沒有目標，也可以隨意做任何事，無論做些什麼都無所謂好壞。

唯有在釐清目標，描繪出未來願景，以及邁向目標的行動藍圖時，你就能從「該做？不該做？」的角度來判斷任何事情。

小小的行動，決定整體的行動力

絕對要踏出第一步

無論「興奮雀躍的未來願景」再具體，在描繪的階段都還不是眞實存在。爲了實現這幅景象，你必須一步步付諸行動。

「我已經知道我想實現怎樣的未來，以及該怎麼做。剩下就是實際去做了……」

如果光是這麼說，卻什麼都不做，興奮雀躍的未來願景永遠只會是黃粱一夢。沒有比這更可惜、更令人懊悔的事了。

我們只有現在才能採取行動。

現在這一刻能做的事情非常渺小。如果要寫一本書，一秒只能寫幾個字；反過來說，如果能持續在一秒內寫下幾個字，最終就能寫成一本書。一樣的道理，千里之行，始於足下，用這每一小步成就偉大。

所以，**只要不斷累積一小步就可以了**。

踏出小小一步的行動筆記術

這裡要介紹如何運用筆記本，選擇最初踏出的一小步。

將筆記本攤開來，在頁面上方寫上「興奮雀躍的未來願景」名稱。

接著，分別在左右兩頁的正中央畫上一條直線，區隔出①到④四個框格。

這裡要利用索引尺寸的便利貼。想想看，若要實現「興奮雀躍的未來願景」，應該做哪些事情？寫在便利貼上，貼進框格①。

舉個例子，現在有位大學生希望將來能成爲走向國際的口譯員。

【興奮雀躍的未來願景】

想成爲國際會議上的日英口譯。

框格①

- 上口譯班。
- 每天閱讀外國的英語新聞。
- 用英語和人交談。
- 看電視時練習同步口譯。
- 擔任觀光客的口譯兼導遊。
- 到外商公司工作，每天都和人用英語交談。
- 到國外讀語言學校。
- 就讀國外研究所。
- 考取口譯證照。
- 拜資深口譯員爲師。
- 訂閱英文報紙。

- 請英語母語人士協助批改英文作文。
- 記住專業領域的單字。
- 學唱英文歌。
- 觀賞英文電影或戲劇。
- 聆聽英文有聲書。
- 參加口譯讀書會。

以上是他應該做的事情。

想必在這些項目裡，有的光用看的就令他卻步，有的則很想馬上就去做。

瀏覽這些便利貼，如果有你應該做、而且想要馬上去做的事情，請你貼到框格②。

人都有自己的好惡，以及擅長與不擅長的事物。就算想成爲一流口譯者，難免還是有不想投入心力的項目。

留在框格①的便利貼上寫的行動，都是「你覺得非做不可，但就是提不起勁去做」。

這個時候，請你深呼吸，問問自己：

「要是我懷著玩耍的心態去做，哪些是我辦得到的？」

「假如換成別的方式，就能用欣喜愉快的心情來完成這項課題，那麼有什麼好方法呢？」

再將你想到的「可以讓我做得很開心的其他方式」寫上便利貼，貼到框格③。

等到位置更換完畢的時候，框格②和③裡貼著的便利貼，應該全是你想做得不得了的事。如果每一項你都很想去做，想要現在馬上開始行動，那就大功告成了。

接下來，要從哪一件事開始做？既然馬上就要著手，那麼該從哪開始？哪件事是現在馬上就能做到的？

請你從框格②和③當中挑選一個便利貼，貼到框格④。

讓我們現在就立刻開始框格④的行動。

增加行動量

在描繪出「興奮雀躍的未來願景」，身歷其境地徹底感受一番之後，現在你已經一刻也待不住了。或者應該反過來說，正因爲描繪出讓你一刻也等不及的未來願景，這個願景才眞正稱得上是讓人「興奮雀躍」。

這個未來願景讓你興奮得想大喊：

「要是成眞的話，那眞是太棒了，我死也值得！」

一旦透過想像來體會箇中滋味，就會迫切地想要實現。只要是能實現讓你感到興奮雀躍的未來願景，你願意採取任何行動。

其中可能也有些讓你覺得棘手的方法。如果你遇到這種情況，請拋開讓你感到棘手的方法，另尋其他做起來更容易、讓你更願意去做的新方法。

這樣的方法會讓你在不經意間更容易嘗試，就能增加行動量。

有些成功者確實歷經千辛萬苦、做得要死要活，但也有人是爲了實現讓人「興奮雀躍的未來願景」，全心全意投入自己辦得到的事物，最終獲得成功。

後者在別人眼裡付出了極大的努力，但當事人卻一點也不以爲苦，甚至還表示：「我做得很開心。」

要選擇哪一種，完全由你決定。但我衷心建議你採取能感受到極大快樂的做法，而不是抱著即使痛苦還是要去做的心態。

我建議你在可以實現未來願景的可能選項當中，挑選那些能眞正享受其中的行動，全心全意投入。

找尋「興奮雀躍的未來願景」的行動藍圖

Q1 盡可能詳細寫出「興奮雀躍的未來願景」（目的地）。

Q2 若要實現「興奮雀躍的未來願景」，必須滿足哪些狀況？請你寫出來。

Q3 若想滿足Q2的狀況，有哪些可行的方法與行動選項？盡可能寫下來。

5

第五章

改變未來的
自我實現筆記術

運用綜觀整體思考筆記，進一步促進行動

本章要介紹如何擺脫第六個行動陷阱「花費心力在徒勞無功的事情」。具體來說，這個方法就是透過綜觀整體思考來提高行動力。

當你的工作或家庭出現狀況，面臨重大危機時，你自然感覺沒辦法展開行動。尤其是在煩惱焦慮、陷入恐慌的狀態下，視野勢必變得狹窄。

一旦陷入視野狹窄的狀態，就會感到不知道該怎麼做、完全束手無策，思考凍結、無法採取行動。

其實，當你感覺無法採取行動、提不起幹勁時，只要拓展視野就能立刻找回行動力。這裡指的不是物理上的視野，而是思考上的視野。看待事物的時候，切記要打開窄小的視野角度。

這時，**找出例外**是有助於拓展視野的簡單方法。

運用綜觀思考提高行動力

綜觀思考能進一步提升行動力！

當你無法採取行動時

視野狹窄，看不清有哪些行動選擇……

視野遼闊，行動的選擇增加，辦得到的事情也跟著變多。

運用綜觀思考提高行動力的筆記術

將筆記本攤開，將左右兩頁的正中央畫上一條直線，區隔出框格①和②。

在框格①寫上現在的煩惱。最好能寫上重大危機，但要寫些小煩惱也無妨。

- 交貨日期迫在眉睫。
- 忘記聯絡。
- 商品品質低劣。

像這樣寫上你現在所面臨的絕境。

寫完以後，檢視一下框格②，現在是一片空白的區域。看著這個框格深呼吸。

在這個空間寫上「例外」。關於你煩惱之事的「例外」。

儘管你覺得徹底完蛋了，但理應還是有些沒有完蛋的事情。可能只是其中一項作業完蛋，可能只是部分產品的品質不佳，可能客訴只是針對整體的一小部分感到不滿。

一旦真的去尋找，肯定會找到毫髮無損的「例外」。請你找出「現在簡直是糟糕透頂，但是話說回來，這個部分還是進展不錯」的例外。

寫出這些進展得不錯的例外。

- 說起來，離出貨日還有三天。
- 說起來，我可以現在馬上聯絡。
- 說起來，還是有製作出品質優良的產品。

只要嘗試這樣做，就能在彷彿窮途末路的狀況中理出一條活路。

扭轉負面情緒的方法

如果處境艱難，試著站在另一個角度看自己

如果你發生了一些負面的事情，請你去想，這過程中肯定也同時帶來了與之相對的正面部分。

也許你會說：

「可是，發生在我身上的全是些糟糕至極的事情。」

不過，事物皆有正反兩面。

絕不會有全部都很糟糕的情況發生。

只要有心尋找，肯定會發現稱不上糟糕的事情。

「不可能，徹底糟糕透頂了。」

假如你還是這麼想，表示你現在的注意力全都集中在糟糕的狀況之

上，肯定沒看到那些沒問題或者正面的部分。

當你感覺所有事情都糟糕透頂的時候，請你刻意將注意力放在與之相反的部分，拓展視野。

扭轉負面情緒的筆記術

這裡要介紹如何在艱難的狀況下，做筆記來拓展視野。這個方法叫「導向反面」。

舉例來說，假設目前你在工作上處於極度糟糕、萬分艱困的狀況。

請打開筆記本，在左右兩頁的正中央各畫上一條直線。區隔出①到④四個框格。

在框格①寫上現在的困難。

①**【現在的困難】**

- 沒辦法如我所願做出成果。

• 不熟悉工作內容。

• 沒辦法好好和前輩或主管交流。

• 業務知識不足，常常出狀況。

接下來，在框格②寫上「還沒出現這些困難時的狀態」。

②**【還沒出現這些困難時的狀態】**

• 工作順利，每天都過得很充實。

• 常常和前輩一起喝酒，談天說地。

• 對工作上的所見所聞都覺得很新鮮。

• 吸收所有事物，親身感受到自己的成長。

再來，請你比較①和②。

有什麼發現？

在你不覺得艱辛的情況下，有什麼特徵？存在哪些正面因素？

接下來，使用右邊那一頁，將你的「發現」條列到框格③。

③**【我的發現】**

- 身邊有可以互開玩笑的夥伴。
- 有前輩可以替我分憂解勞。
- 有人認可我的做法。

把你想得到的所有正面因素全部寫出來。

瀏覽這份清單，想想看，若要創造這樣的情況，你應該做些什麼？把你想到的點子寫到框格④。

④**【我的構想】**

- 主動和人開開玩笑。
- 找人聊聊煩惱。
- 認可同事的做法，把我覺得對方厲害的地方直接說出來。

當你想要改變環境的時候，如果只是坐等出現轉變，只會讓自己慾出病來。

我們應該明白：別人不改變，我可以自己改變。對自己說：「改善這個世界，從我自己開始。」即使是一小步也無妨，讓我們就此展開行動。

如果你沒有時間，本章末也準備了轉換負面情緒的填答欄。在你實際運用這套筆記術之前，先寫出自己的負面情緒並切換情緒，就能順利展開行動。

你可以直接寫在書上，也可以比照筆記術寫在筆記本上，做法非常自由，請你一定要試試。

扭轉負面情緒的筆記術

＜事前準備＞

1：將筆記區分出4個框格。

2：在各個框格上方，由左至右寫下「①現在的困難」「②還沒出現這些困難時的狀態」「③我的發現」「④我的構想」。

① 現在的困難	② 還沒出現這些困難時的狀態	③ 我的發現	④ 我的構想
・沒辦法如我所願做出成果 ・不熟悉工作內容 ・沒辦法好好和前輩或主管交流 ・業務知識不足，常常出狀況	・工作順利，每天都過得很充實 ・常常和前輩一起喝酒，談天說地 ・對工作上的所見所聞都覺得很新鮮 ・吸收所有事物，親身感受到自己的成長	・身邊有可以互開玩笑的夥伴 ・有前輩可以替我分憂解勞 ・有人認可我的做法	・主動和人開開玩笑 ・找人聊聊煩惱 ・認可同事的做法，把我覺得對方厲害的地方直接說出來

＜筆記的實踐步驟＞

①：寫出「現在的困難」。

②：寫出「還沒出現這些困難時的狀態」。

③：比較一下①和②，寫出你發現「以前有哪些正面因素」。

④：「若想創造出③的狀態，你可以做些什麼？」——寫出答案。

⑤：立刻去做！

切割情緒

盡可能寫出你現在的負面情緒，例如心中的不滿、憤怒或抱怨。

瀏覽你所寫的負面情緒，將你的發現寫出來。

瀏覽你所寫的負面情緒，將你的構想寫出來。

提升綜觀整體思考能力的方法

其實，人人原本就懂得綜觀整體思考

接下來，我們要進一步學習如何綜觀整體思考。跳脫自己的視角來綜觀全局的方法，廣泛運用在各個領域。若從事過體育活動應該對此有所體會。

比方說，進行籃球練習時，會將白板比擬爲球場，貼上磁鐵代表各個選手，來研擬現場戰術。這樣的做法就是從球場上方綜觀比賽全局。

足球中擔任組織核心的選手，也會在跑動的過程中，想像從球場上方所見的畫面。

花式滑冰選手與體操選手，練習時總是會綜觀自己在賽場表演的模樣，想像自己的手腳姿勢從他人眼中看起來是什麼樣子。

至於企業的經營者，則必須隨時掌握公司的脈動，時時刻刻根據各個部門上報的資訊，全方位地掌管組織的運作。

透過綜觀公司的整體營運，做出經營上的種種判斷。

轉換視角是綜觀整體思考的基本能力

只要理解轉換視角的道理，學會綜觀整體思考一點也不難。

轉換視角相當於「站在對方的角度思考」，也就是英文說的「in one's shoes」（穿別人的鞋子）。

站在對方的角度亦即「從對方的視角看世界」。

這和「客觀看待對方」的意思不同。

舉個例子，東京晴空塔位於東京墨田區的押上，根據武藏的諧音，而將高度設計成634公尺（譯注：武藏的日文發音可聯想成數字「634」），這件事相當有名。

走在新宿人行道上眺望東京晴空塔，可以略爲看到它微小的身影。

從對方的角度看世界，等於從東京晴空塔的瞭望臺看新宿的人行道。從新宿人行道仰望遙遠的東京晴空塔，和從東京晴空塔的瞭望臺遠眺新宿人行道，映入眼簾的景象南轅北轍。

從對方的角度看世界，正有如此巨大的差異。

有幾個方法能幫助我們脫離現在的視角。

接下來逐一介紹。

從過去與未來觀看現在的自己筆記術

這個方法是移動時間軸，從過去的視角與未來的視角看待現在的你。

比方說，化身爲國小時期的自己來看待現在的自己，或者是從十年後已然成功的視角來看待現在的自己。

這個方法就是從時間軸上的其他視角眺望現在。

讓我們實際試試看。

將筆記本攤開來，在左右兩頁的正中央各畫上一條直線，區隔出①到

④四個框格。
在框格①寫上現在所有的課題。

①【現在的課題】
- 準備證照考試變得越來越懶散。
- 填寫業務日報表感覺越來越麻煩。
- 讀英文越來越想偷懶。

若要克服這些課題，你需要怎樣的能量？將答案寫到框格②。

②【現在我需要的能量】
- 不屈不撓的意志力。
- 每天勤奮不懈的毅力。
- 不忘記目標的力量。

在框格③寫上過去的自己做什麼事情時，曾經擁有②【現在我需要的能量】。

③**【曾經擁有②的過去自己】**

- 在柔道比賽中一度被人用寢技壓制住，在不屈不撓的意志下成功逃脫，反過來用寢技贏得比賽。
- 暑假每天都做廣播體操，樂在其中。
- 考高中的時候，每天都爲了錄取理想學校而努力讀書。

這個時候，請你具體回想③所寫的那個過去的自己，接著在框格④寫上你想對現在這個自己講的話。

④**【想對現在的自己講的話】**

- 「現在放棄的話，一切就結束了。絕對沒問題的。努力總有一天會得到回報。」

- 「只要每天持續下去，最後就會迎來開心的結果。業務日報表一定有它的意義，你要找到堅持不懈背後的意義。」
- 「日復一日的努力讓我錄取了想上的高中。學習外語最重要的就是日積月累。」

只要聽到過去的自己所講的話，想必你就能重新找回想好好努力的心情。

你也能按照相同的方法，收到來自未來的你所做的留言。

以未來的自己爲例，想像你徹底化身爲實現「興奮雀躍的未來願景」的那個自己，就有辦法對現在的你說點話。

步驟依序爲：

①挑選一個興奮雀躍的未來願景。

②徹底描繪你實現興奮雀躍的未來願景時的樣貌。

③徹底化身成未來的你，說出想對現在的你說的話。

④寫下在這個過程中你的發現。

一旦擺脫時間的限制進行視角轉換，想必你就能明白，要說過去與未來都有個你在替你打氣、給予你建議，一點也不爲過。

從過去與未來觀看現在的自己筆記術

＜事前準備＞

1：將筆記本區分出4個框格。

2：在各個框格上方，由左至右寫下「①現在的課題」「②現在我需要的能量」「③曾經擁有②的過去自己」「④想對現在的自己講的話」。

①現在的課題	②現在我需要的能量	③曾經擁有②的過去自己	④想對現在的自己講的話
·準備證照考試變得越來越懶散 ·填寫業務日報表感覺越來越麻煩 ·讀英文越來越想偷懶	·不屈不撓的意志力 ·每天勤奮不懈的毅力 ·不忘記目標的力量	·在柔道比賽中一度被人用寢技壓制住，在不屈不撓的意志下成功逃脫，反過來用寢技贏得比賽 ·暑假每天都做廣播體操，樂在其中 ·考高中的時候，每天都為了錄取理想學校而努力讀書	·「現在放棄的話，一切就結束了。絕對沒問題的。努力總有一天會得到回報。」 ·「只要每天持續下去，最後就會迎來開心的結果。業務日報表一定有它的意義，你要找到堅持不懈背後的意義。」 ·「日復一日的努力讓我錄取了想上的高中。學習外語最重要的就是日積月累。」

＜筆記的實踐步驟＞

①：寫出「現在的課題」。

②：若要克服這些課題，「現在需要怎樣的能量」？

③：回想起「曾經擁有②的過去自己」，一一寫出來。

④：寫出「想對現在的自己講的話」。

從他人視角看待現況的方法

這裡要介紹從他人視角看待現況的方法，這也是一種轉換視角的方式。每個人都是從自己的視角來理解事物，但如果只會這樣做，工作往往會停滯不前，或者心想：「要是我交給主管這樣的成品，應該會惹對方生氣……」因此而焦慮不安，導致無法採取行動。如果能從他人的視角來看待事物，就能避免因爲不安而導致無法立刻去做的問題發生。

首先，請你用現在工作上往來的人們視角，看待眼前的狀況。

- 客戶的視角。
- 同事的視角。
- 主管的視角。

請你按照順序用他人的視角來看待眼前的狀況。由於是用他人的視角來觀看，所以自然也會看到你自己的樣貌。

你和他人看待世界的視角並不相同。用其他人的視角看待目前的情形，能幫助你打開全然不同的視野。當你一個接著一個想像別人的視角時，便能在不知不覺間擺脫你自己的視角。

再來，請你接著用那些與你工作毫無關係的第三方視角，看待你的工作。假設有個人剛好路過，他可能不太清楚你的工作，也可能完全一無所知，想像一下你的工作在他眼中，會是什麼樣子。

第三方的視角也是有助於綜觀整體的視角之一。

轉換視角的訣竅

這裡要介紹如何流暢地轉換視角。

這是我每次幫助客戶轉換視角時，一定會使用的方法。

雖然我們不能真的從對方的角度來看事情，但我們可以運用想像力，用模擬的方式轉換視角。

舉個例子，我們現在要轉換成主管的視角，感受從主管的角度看到的情景。

1. 坐在主管的位置

在辦公室、坐在座位上工作的你，在主管眼裡是什麼樣子？如果想體驗一下主管的視角，請你想像你現在就坐在主管的位子，看著你的座位。

就算無法實際坐在主管的位子上，也可以透過想像坐在上面。

2. 模仿主管的表情、動作與講話方式

回想主管坐在位子上的時候，總是露出怎樣的表情？請你實際模仿一下。接著模仿主管的姿勢與動作，再模仿主管的說話方式，就能逐漸化身成主管。

3. 從主管的視角環視四周

等到你徹底化身爲主管以後，請你感受一下，主管的椅子坐起來是什

麼感覺？主管桌上的文件與物品，看起來是什麼樣子？

再來，你的座位在主管眼中又是什麼樣子？

搞不好有其他同事離主管的位子比較近，擋在你和主管中間，其實主管很難看到你也說不定。

請你充分想像一下，你工作時的樣子在主管眼中是什麼模樣。

4.演繹主管的想法與情緒

像這樣，先去模仿對方的表情與動作，再來模仿口頭禪或說話方式。這麼一來，你就能徹底化身成對方的模樣。

接下來，充分想像從對方的位置看出去時，「你在對方眼中是什麼樣子」。

徹底扮演對方，體會對方在想些什麼。

儘管一切只是想像，但當你這麼做之後，你會逐漸得知對方的心情與感受，應該也會越來越了解對方對你有怎樣的印象，更會明白很多時候「這只不過是我個人的臆測與誤解」。

從他人視角看待自己的綜觀思考

- 想想看，如果從別人的角度看你，在他們眼裡，你會是什麼樣子？他們對你會有什麼想法？一一寫下來。

客戶的視角

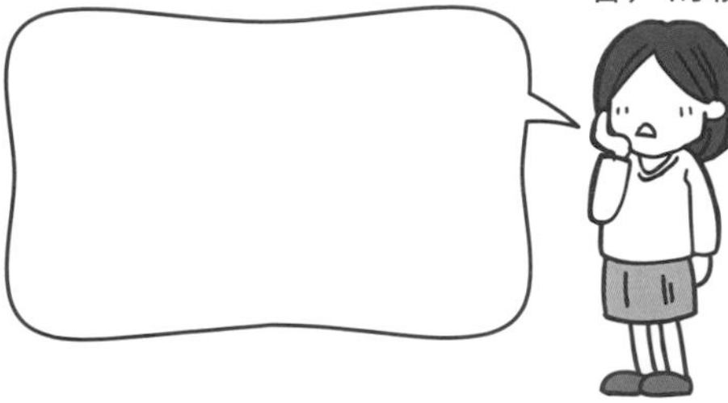

同事的視角

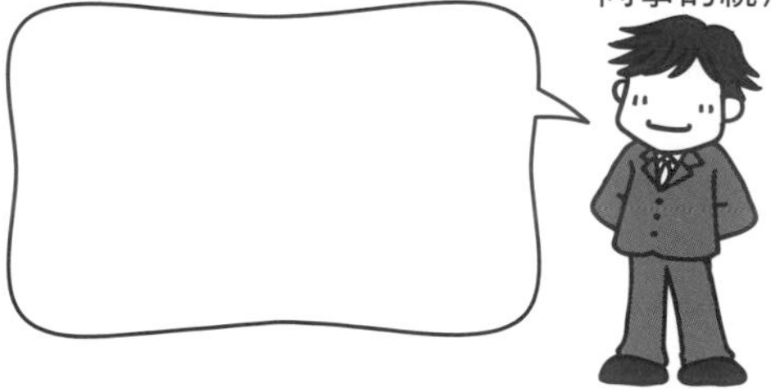

主管的視角

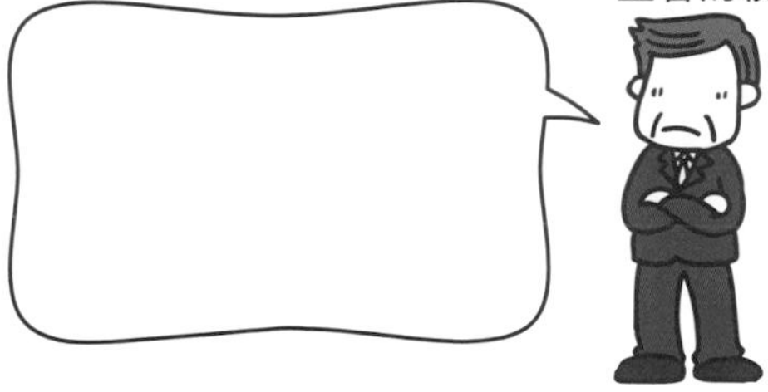

克服「我做不到」心情的筆記術

當你眼前出現應該處理的課題時，因爲這個課題過於龐大，讓你不禁心生畏懼，於是變得一蹶不振：「唉，我做不到的……」

主管與同事紛紛鼓勵你：「你可以的。別擔心。不要想太多，奮力去做就是了。」但是，你一步也無法動彈。

過了一陣子，別人問你：「那件事後來處理得怎樣了？」你也只能回答：「呃，完全沒進展……」

你面對這種情況的時候，頭腦彷彿一片空白，絲毫無法展開行動。有人會告訴你「最好找個人商量」，但你甚至也不知道該如何找人商量，於是就乾脆放著不管。

這個時候，到底該怎麼做？

讓我們以「我做不到」的感覺爲主軸，探索你的內心世界。

將筆記本攤開來，在左右兩頁的正中央各畫上一條直線，區隔出①到

④四個框格。

在框格①寫出現在你心中「我做不到」的感覺。

①【我做不到】

- 不知道該從哪個方向著手。
- 這明顯超出我的能力範圍。
- 不是我分內的工作。
- 應該有更適合的人選才對。
- 到底爲什麼會指派給我？
- 要是我更有能力的話，也許還做得到，但現在完全不可能。
- 由我來做，肯定會失敗，損失慘重。
- 必須要有懂得這方面的人幫助我，否則絕對不會成功。

瀏覽一下你寫出的回答，或許會有什麼發現。

好像存在某個衡量的標準，光靠你一個人沒辦法達成目標。你明顯是做不到的，卻沒有半個人注意到這一點。大家嘴上說著沒問題，事實上卻無法真正相信你。你的能力不足。必須確實彌補實力的缺口，否則絕對不會成功。

感覺還需要些什麼。

於是，在框格②好好思索「有了什麼就會成功？」這個問題，寫出成功的必備要素。不必是你現在就擁有的要素。一一列出這份交派給你的工作，需要具備哪些要素。

②【成功的必備要素】

- 資深的專案經理人。
- 具備專業知識的人。
- 擁有廣大人脈的人。
- 有能力整合相關人員的人。
- 擅長管控經費的人。
- 懂得掌管進度的人。

看一看你所寫的答案，如果你不具備這些要素，就需要延攬具備這些要素的人，和你一同並肩作戰。

既然你寫得出這麼多項目，或許表示已經知道該做哪些事了，你其實就是最有能力綜觀全局的人。專業知識的部分，其實只要找來專家就能解決。至於進度管理方面，如果能把擅長這領域的人拉進來，一切就會很順利。

根據②寫出的答案，想想有誰擁有這些能力，寫到框格③。

③**【應該向誰尋求協助？】**

- A
- B
- C

在框格④寫出具體的第一步。

④【第一步】

・利用午休時間找A商量。

就像這樣，當你感到「我做不到」的時候，只要用你覺得做不到的事情作爲切入點，就能逐步找出突破口。畫出一條線，隔出四個框格，徹底剖析你覺得做不到的感受，一步步找到解決的出口。

解開糾結的心情

其實，「我做不到」的感覺偏向逃避心理。有時你可能不至於覺得「我做不到」，卻始終對於踏出那一步猶豫不決。這種情況下，你往往會說：「我眞的很想去做，可是……」

雖然是很想去做，但就是踏不出那一步。明明是一直以來都很想做的事情，一旦機會出現在眼前，卻不禁猶豫了起來。

克服「我做不到」心情的筆記術

＜事前準備＞

1：將筆記本區分出4個框格。

2：在各個框格上方，由左至右寫下「①我做不到」「②成功的必備要素」「③應該向誰尋求協助？」「④第一步」。

①我做不到	②成功的必備要素	③應該向誰尋求協助？	④第一步
·我不知道該從哪個方向著手 ·這明顯超出我的能力範圍 ·不是我分內的工作 ·應該有更適合的人選才對 ·到底為什麼會指派給我？ ·要是我更有能力的話，也許還做得到，但現在完全不可能 ·由我來做，肯定會失敗，損失慘重 ·必須要有懂得這方面的人幫助我，否則絕對不會成功	·資深的專案管理人 ·具備專業知識的人 ·擁有廣大人脈的人 ·有能力整合相關人員的人 ·擅長管控經費的人 ·懂得掌管進度的人	·A ·B ·C	·利用午休時間找A商量

＜筆記的實踐步驟＞

①：寫出現在你心中「我做不到」的感覺。

②：想想看「有了什麼就會成功」，寫出「成功的必備要素」。

③：根據②寫出的答案，想想有誰擁有這些能力。寫到框格③。

④：立刻去做！

舉個例子，假設有個人一直想著總有一天要去埃及旅遊，有天朋友問了他：「下次要不要和我去埃及玩？」這個時候，猶豫卻開始在他心裡發酵。

「哇啊啊啊，當然好啊！可是，工作又不能請假，但也不是真的去不了……」

他變得優柔寡斷。明明從以前就一直很想去，所以認知上覺得當然要去；可一旦真能成行，卻又陷入無盡的猶豫，一步也踏不出去。

這個時候，讓我們運用筆記本來探索你的內心。

明明心裡很想去，卻三句話離不開「可是」，其實，這句話藏著重要的線索。

在「可是」的後面緊接的是，和「想去」背道而馳的語句。

換句話說，「想去」和「不想去」這兩個矛盾的概念碰撞在一起。

讓我們從「可是」這個矛盾與對立的關鍵點出發，深入探索你的內心。

將筆記本攤開來，分別在左右兩頁的正中央各畫一條直線，區隔出①

到④四個框格。

因爲這個人從以前就有想去埃及旅遊的念頭，所以框格①就針對這件事回答。現在的他依然想去，將想去的原因寫上去。

①**【我為什麼想去？】**

- 古代遺跡本身有股浪漫情調。
- 我想親眼見證那些美麗的裝飾品。
- 我想用全身感受金字塔的雄偉。
- 我想直接在當地了解埃及的歷史。
- 我想體驗沙漠的滋味。

在框格②寫出你去不了的原因。

②**【為什麼去不了？】**

- 要花一筆錢。

• 工作不能請假。

• 要是爲了去玩，工作太忙把身體搞壞，可就得不償失了。

• 反正又不一定要現在去。

• 對陌生的國度會感到不安。

好了，請你瀏覽一下框格①和②所寫的回答。

框格②寫的「去不了的原因」是否充分？對於這些因素，無論如何都是一籌莫展，絕對無法前往嗎？是不是有辦法克服？

只要你想到有什麼方法，能克服讓你去不了的因素，請你寫到框格③。

③**【什麼方法能克服讓我去不了的因素？】**

• 雖然要花一筆錢，但是我有一筆定存的錢。

• 使用手上的休假是勞工的權益。

• 不一定會搞壞身體，只要我好好注意健康就行。

•反而是之後不一定有機會去了。
•這次有人作伴，可以放心。

檢視一下①到③所寫的內容，你感覺到了什麼？想必你已經清楚，確實有許多讓你想去的原因，也有辦法克服讓你覺得去不了的因素。

④【我的感受與結論】
•感覺其實也去得了。
•我太在意別人的眼光了。
•明明我平常都不會在意別人眼光的。
•我很怕會被人指責。
•我擔心的事情並非客觀事實。
•結論是，這是一個很好的機會，所以我決定要去了。

如果只是在腦海裡思考，沒有實際寫出內心的糾結，你就永遠無法跳脫同樣的思考路徑。也許你早在內心深處做好結論了。只要運用四個步驟寫出來，就能釐清你心中的眞實想法。

擺脫不安的方法

「不安」的感覺，每個人都很熟悉。

在我決定辭掉做了二十二年的工作，預定將於兩週後離職的時候，二兒子向我問道。

「爸爸，你要辭職囉？」

「對啊，再兩個星期就要離職了。」

「咦?!我覺得好不安喔！」

這大概是二兒子毫不掩飾的真實感想。爸爸沒有工作了，家裡以後要怎麼辦？對當時就讀國小的他來說，恐怕無法想像這樣的狀況。會感到不安，也是無可厚非的事。

一樣的道理，人在看不清未來的時候，也會感到不安。或許沒有感到不安，反而才奇怪。

當時的我沒有一絲不安，也許我才是有點奇怪的那方。

聽到我兒子的「不安」發言，太太堅定回應：「之後的生活不會受到影響，不用擔心啦！」於是就這樣撫平了當時的氣氛。

我很少感到不安，其實背後有個祕密。

那就是因爲，我很清楚不安的成因。

之所以會感到不安，是因爲未來充滿不確定性，不知道將演變成什麼樣子。

其實，任何人只要刻意讓自己不安，都會落入不安的狀態。

「究竟有沒有明天？」

「日經指數會不會突然暴跌，日本經濟徹底崩盤？」

「我任職的公司會不會破產？」

「我會不會突然出車禍，再也沒辦法工作？」

這正是杞人憂天。

杞人憂天是指杞國人的憂慮。

這個成語來自中國周朝杞國人擔心天會掉下來的典故（出自老莊思想的典籍《列子》），後來引申為擔心一堆多餘的事情。

不安的情緒就和杞人憂天一樣，不需要實際的根據就會發生。只要把注意力放在未來的不確定性，提出懷疑的論調，馬上就會變得不安起來。

如果不想感到不安，反其道而行便可。

內心感到不安時，著眼於安定的部分

首先，要著眼於安定的部分。

我經常凝神盯著我的手掌看。手指能自如地活動，我心裡充滿感謝。我有辦法拿筷子，也有辦法拿碗，還有辦法敲打電腦鍵盤，更有辦法扣上襯衫的扣子。我會細膩深刻地感受這些事物。

接下來，把注意力放到全身。雖然我的身體越來越僵硬了，但是有辦法自己走路，我對此心存感謝。我也可以自己吃飯。眞是多麼美好啊！去感謝這些平常都視爲理所當然的事物。

只要像這樣懷著感謝，內心就會越來越安定。接下來，再運用「腳踏車原理」，克服未來的不安因素。

將腳踏車停下來的時候，要是腳不著地就會失去平衡。不過，如果始終筆直前進，就會保持穩定行進的狀態。之所以如此，是因為輪胎不斷轉動、更換新的立足點，自然就能保持安定。

一樣的道理，雖然未來充滿不確定的因素，但只要安排好明天起要做的事情，就能確定未來的走向。

比如說，如果未來的收入狀況不明朗，那就想辦法提高營業額。只要繼續跟人談生意，就有可能成交。只要讓未來呈現半確定的狀態，就能從心裡完全沒有底的情況，轉變為能夠掌握一半的狀況。

這麼一來，你就不會有餘力處於不安的狀態。如果一直都在替未來做準備，自然沒有多餘的時間陷入不安。

當你陷入不安時，很可能是時間太多。

越是覺得無事可做的時候，越會感到不安。

只要持續架構未來，就能把不安的時間減到最少。閒暇無事容易讓人陷入不安，這點要特別注意。

消除內心不安的筆記術

這個時候，就讓我們運用便利貼和筆記本來克服不安。打開筆記本，分別在左右兩頁的正中央畫上一條直線，區隔出①到④四個框格。在框格①寫上現在讓你不安的因素。

①【現在讓我不安的因素】

- 營業額的狀況不明朗。
- 擔心沒有客戶上門。
- 有固定的開銷要付。
- 部落格的讀者很少。
- 訂閱電子報的人數很少。

像這樣盡可能寫出所有讓你感到不安的因素。

接下來，針對①所寫的「不安」因素，想想有什麼解決方法，寫在便利貼並貼到框格②。

②**【解決方法】**

- 規劃活動來確保營業額。
- 爲了培養客群，請客戶眾多的熟人協助。
- 爲了確保營業額高於固定開銷，規劃特別的產品。
- 訂定販售服務的相關計畫。
- 增加部落格的文章與宣傳，努力提升讀者人數。
- 宣傳電子報，提高訂閱人數。

在②【解決方法】當中，挑選一個最有效的方法，貼到框格③。

③**【最有效的解決方法】**

•爲了培養客群，請客戶眾多的熟人協助。

根據以上的分析，在框格④寫上第一步該做什麼事。

④**【第一步】**

•把所有擁有眾多客戶的熟人，列成一份名單。

這麼一來，就能擺脫不安的心情，釐清之後該做些什麼了。

消除內心不安的筆記術

＜事前準備＞

1：將筆記本區分出4個框格。

2：在各個框格上方，由左至右寫下「①現在讓我不安的因素」「②解決方法」「③最有效的解決方法」「④第一步」。

①現在讓我不安的因素	②解決方法	③最有效的解決方法	④第一步
・營業額的狀況不明朗 ・擔心沒有客戶上門 ・有固定的開銷要付 ・部落格的讀者很少 ・訂閱電子報的人數很少	・規劃活動來確保營業額 ・為了培養客群，請客戶眾多的熟人協助 ・為了確保營業額高於固定開銷，規劃特別的產品 ・訂定販售服務的相關計畫 ・增加部落格的文章與宣傳，努力提升讀者人數 ・宣傳電子報，提高訂閱人數	・為了培養客群，請客戶眾多的熟人協助	・把所有擁有眾多客戶的熟人，列成一份名單

＜筆記的實踐步驟＞

①：寫出現在讓你「感到不安的因素」。

②：針對①所寫的「不安」因素，想想有什麼解決方法並寫出來。

③：從②【解決方法】當中挑選一個最有效的方法，寫出來。

④：寫出③的第一步該做什麼。

⬇

⑤：立刻去做！

人有無限的潛在可能

現在我們已經學會如何運用筆記本來克服不安。儘管如此，有的人或許還是會因爲害怕失敗而無法採取行動。

「要是不順利的話，那該怎麼辦……」

「如果失敗的話，該怎麼辦……」

不過，請你環顧這個世界。世上沒有人一次都不曾失敗過。

請看看體育界。如果因爲怕輸而從未上場比賽，會出現什麼情況？肯定永遠不會贏，也永遠無法進步。

爲了獲得進步，我們必須透過失敗與成功，不斷練習。想要成功，失敗是免不了的。

只要踏出行動的第一步，勢必會出現變化。

當你運用四框格筆記術，得出該如何踏出第一步之後，請你務必實行。或者說，請你推導出絕對有辦法行動的一小步。

千里之行，始於足下。現在馬上就能辦到的事情，只有不起眼的小事。但只要持續下去，你的人生將會發生巨大改變。

人生只有一次。要採取行動？還是不要採取行動？全部由你決定。

從現在起，讓你無限的潛在可能開花結果。

成為立刻行動的人，
用人生導演的視角審視人生

Q1 假設你執導了一部電影，而你是這部電影的主角，現在的你演的是什麼類型的電影？扮演怎樣的主角？

Q2 假如你至今的人生是電影的序章，你身為電影導演，希望接下來劇情如何發展？

Q3 在這部由你擔任主角的電影中，身為導演的你，想要呈現出怎樣的效果？為此，第一步你想讓主角採取什麼行動？

後記

在不知不覺間成為立刻去做的人

非常感謝各位閱讀本書到最後。

本書介紹如何運用筆記本與便利貼推導出最初的一小步，藉此幫助你整理問題並付諸行動。四框格架構最重要的關鍵在於：只要透過「現在」「未來」「過程」「第一步」的基本四步驟，必定能推導出最初的一小步。當你有了煩惱的時候，請你按照這個順序思索，就能擺脫煩惱的死胡同。

一旦理解這套步驟，便能應用在任何方面。請你對所有事物都試試這套方法，人生肯定會出現轉變。

請反覆閱讀本書，實際動手解決你的問題。這樣一來，你就會成爲解決問題的高手。而且，無疑會在不知不覺間成爲立刻去做的人。

如果你閱讀完本書有任何感想、做了什麼嘗試、完成什麼挑戰，歡迎來信告訴我。我寫書的初衷是想透過書籍來幫助人們，對我來說，你的來信是我最大的喜悅。每封信我都會看。請透過電子郵件寄給我。

另外，我也推出了電子報「夢想實現電子報」（每週一發送）與「湧現幹勁的聲援信」（幾乎每天早上發送）。敬請訂閱。

訂閱可至作者官方網站：http://kekkyoku.jp/。

請你讓所有事物都化爲助力，全方位開展專屬於你的人生。我衷心爲你加油。

令和元年　二月三日吉日

夢想實現聲援家　藤由達藏

電子信箱：gonmatus@gmail.com

Eurasian Publishing Group
圓神出版事業機構
用心與你對話・綱野無限寬廣
方智出版社
Fine Press

www.booklife.com.tw　　reader@mail.eurasian.com.tw

生涯智庫 189

結果，立刻去做的人得到一切！行動力筆記版

結局、すべてを手に入れる「すぐやる！」ノート

作　　者／藤由達藏
譯　　者／邱心柔
發 行 人／簡志忠
出 版 者／方智出版社股份有限公司
地　　址／臺北市南京東路四段50號6樓之1
電　　話／（02）2579-6600・2579-8800・2570-3939
傳　　真／（02）2579-0338・2577-3220・2570-3636
總 編 輯／陳秋月
副總編輯／賴良珠
主　　編／黃淑雲
責任編輯／陳孟君
校　　對／陳孟君・溫芳蘭
美術編輯／李家宜
行銷企劃／鄭曉薇・陳禹伶
印務統籌／劉鳳剛・高榮祥
監　　印／高榮祥
排　　版／莊寶鈴
經 銷 商／叩應股份有限公司
郵撥帳號／ 18707239
法律顧問／圓神出版事業機構法律顧問　蕭雄淋律師
印　　刷／祥峰印刷廠
2021年3月　初版

定價 350 元　　ISBN 978-986-175-584-7　

能在十秒內行動的人，就會得到一切；
而超過十秒都不行動的人，最後就什麼也得不到。

——《結果，立刻去做的人得到一切》

國家圖書館出版品預行編目資料

結果，立刻去做的人得到一切！行動力筆記版 / 藤由達藏作；邱心柔譯. -- 初版. -- 臺北市 ：方智出版社股份有限公司, 2021.03
208面；14.8×20.8公分 --（生涯智庫；189）

譯自：結局、すべてを手に入れる「すぐやる!」ノート
ISBN 978-986-175-584-7（平裝）
1. 成功法 2.生活指導
177.2 110000409